Sarmaten
Ein vergessenes Volk formte halb Europa
Band 4

Reinhard Schmoeckel

Thüringen war einmal ein Königreich

und die Könige kamen aus der Fremde

Die Deutsche Bibliothek verzeichnet diese Publikation in der Deutschen Nationalbibliographie; detaillierte bibliographische Angaben sind im Internet über
http://dnb.ddb.de
abrufbar.

Printed in Germany, Herstellung und Verlag: BoD - Books on Demand, Norderstedt
ISBN: 9783837046823
Zu beziehen über jede Buchhandlung

Inhalt

Vorwort

Thüringen, das schöne Bundesland im Herzen Deutschlands, hat eine reiche und sehr wechselvolle Geschichte. Auf einen kleinen Teil davon möchte dieses kleine Buch einige genauere Blicke werfen, und zwar auf seinen Anfang, als gerade erst der Name „Thüringen" entstanden war. Wer weiß das schon, dass es vor anderthalb Jahrtausenden einmal ein „Königreich der Thüringer" gegeben hat ?

Ein paar historische Quellen gibt es dazu, vor allem zum Ende dieses „Reiches", aber diese sind so isoliert und missverständlich, dass moderne G e s c h i c h t s f o r s c h e r wenig damit anfangen können. Erheblich mehr haben die A r c h ä o l o g e n über die Zeit dieses Reiches herausgefunden, aber sie können ihre Funde nicht gut einordnen in das, was sonst in dieser Zeit geschah, eben weil es kaum schriftliche Geschichtsquellen gibt.

Von einer ganz anderen Seite her hat sich der Autor dieses Buches dem Thema genähert - - und er kam im Laufe seiner Forschungen zu höchst überraschenden Ergebnissen. Er ist davon überzeugt – und kann das auch mit zahlreichen sehr plausiblen Indizien belegen ! -, dass in der zweiten Hälfte des 5. Jahrhunderts n. Chr. eine größere Gruppe von S a r m a t e n aus dem heutigen Ungarn nach Thüringen einwanderte.

Da diese Fremden von selbstbewussten Adligen angeführt wurden, gewannen sie bald die Herrschaft über die im Land rund um den Harz lebenden Menschen mit germanischer Sprache und Kultur. Einer dieser Adligen nahm sehr bald den Titel „König" an. Doch diese Sarmaten waren k e i n e gefürchteten Brandstifter

3

und Plünderer wie die Hunnen, sondern Herrscher ganz anderer Art.

Für die deutsche Geschichtswissenschaft – und damit für alle Deutschen, die sich ein wenig für die Geschichte ihres Landes interessieren und Einiges dazu gelesen haben – ist diese Behauptung völlig unglaublich. In Deutschland kann es doch mindestens seit Caesars Zeiten nur G e r m a n e n gegeben haben ! Das ist jedenfalls die feste Überzeugung der Geschichtswissenschaft seit dem Mittelalter und auch aller an Geschichte interessierten Laien. Nicht nur die „germanen-begeisterte" Zeit des Nazi-Reiches in Deutschland hat diese Überzeugung hervorgerufen; sie ist viel, viel älter.

Aber: waren damals wirklich alle Menschen hier in unserem späteren Deutschland „Germanen" ? Vor zweihundert Jahren waren die Historiker fest davon überzeugt, sie nannten alle Menschen, die einst hier lebten, „die alten Teutschen".

Heute sind die Gelehrten viel vorsichtiger. Viele von ihnen wissen gut, dass nicht nur Germanen, sondern auch Kelten und Slawen und „Römer" und verschiedene andere Bevölkerungsgruppen ihre Gene bei den Menschen hinterlassen haben, die seit langem und bis heute in unserem Land leben.

Wenn wir nur in die jüngere Vergangenheit zurückschauen, dann muss jeder zugeben, dass inzwischen auch Türken und Italiener und Menschen aus allen möglichen anderen Völkern Angehörige unserer Nation geworden sind, die sich „deutsch" nennt.

Wer dies im Kopf hat, für den ist es vielleicht nicht mehr ganz so schockierend, wenn in diesem Buch behauptet wird, vor gut 1500 Jahren seien Menschen nach Mitteleuropa gekommen, die eben keine Germanen waren und trotzdem zu Anführern einiger

Stämme wurden, die sich später zu wichtigen Teilen des Volkes entwickelten, das bald den Namen „d e u t s c h" bekam.

Diese Menschen waren S a r m a t e n . Was dies für Leute waren und welche Bedeutung sie hatten, soll dieses Buch erklären. Allerdings sollte kein Leser diese Behauptung falsch verstehen. Nicht die G e s a m t h e i t der späteren Deutschen, wie sie die Geschichte kennt, hatte Menschen dieses Volkes zu Vorfahren.

In dem kleinen Buch, das der Leser in der Hand hält, geht es vor allem um den Einfluss von Sarmaten auf die Geschichte der Region, die man schon seit mehr als 1500 Jahren „T h ü r i n - g e n" nennt.

Doch weil der Völkername der Sarmaten in der westeuropäischen, speziell der deutschen Geschichtswissenschaft praktisch völlig unbekannt ist, muss wenigstens in einer Kurzform dem Leser das wichtigste Wissen über dieses Volk vermittelt werden. Jedem Leser ist dringend zu empfehlen, auch den Band 1 dieser Buchreihe zu erwerben und zu lesen: **„Sarmaten: unbekannte Väter Europas – Ein neuer Blick auf die Frühgeschichte unseres Landes".** Dort ist über die Geschichte und die Geschicke der Sarmaten a l l g e m e i n in größerer Ausführlichkeit nachzulesen. Eine Kurzfassung davon bildet der Teil I dieses Buches.

H i e r soll also von der Entstehung eines n e u e n Volkes aus verschiedenen Bestandteilen während des Frühmittelalters berichtet werden, einer Zeit, aus der es keinerlei schriftliche Quellen gibt.

Und doch gibt es Quellen. Man findet sie in der Erde, und die Archäologen können sie ausgraben; man findet sie in der deutschen Sprache, und Sprachwissenschaftler könnten Hinweise geben; man findet sie in der Wappenkunde (Heraldik), in der

5

Volkskunde, in alten, nur Spezialisten bekannten Schriften und in manchen anderen Anzeichen. Man muss sich nur trauen, alle diese Indizien als solche für die einstige Existenz des Volkes der Sarmaten zu erkennen und ihr Zusammenspiel zu erklären.

Dies wagt der Autor, der seit mehr als fünfzehn Jahren dem Phänomen dieses „vergessenen Volkes" der Sarmaten nachgeht.

Reinhard Schmoeckel

I.

Sarmaten: ein stolzes Volk berittener Hirten- aber ganz anders als die Hunnen

1. Die Vorväter

Der Teil I dieses Buches ist eine Kurzfassung dessen, was in dem grundlegenden Buch diese Reihe, dem **Band 1, Sarmaten – Unbekannte Väter Europas,** ausführlich und mit Literaturnachweisen beschrieben ist. Er soll dazu dienen, dem Leser dieses Buches wenigstens eine kurze `Übersicht von dem zu geben, was man heute über dieses so zu Unrecht vergessene Volk weiß. Damit soll er in die Lage versetzt werden, das einordnen zu können, was im Hauptteil II über das Wirken von sarmatischen Einwanderern nach dem heutigen T h ü r i n g e n vor anderthalb Jahrtausenden berichtet werden kann.

*

Nahezu jeder Deutsche, der eine höhere Schule besucht hat, kennt den Völkernamen Hunnen: ein Volk aus Innerasien, das einst vor vielen Jahrhunderten Angst und Schrecken über die Völker Europas gebracht hat.

Fast niemand kennt jedoch ein Volk, das etwa zur gleichen Zeit in Erscheinung trat und auch, oberflächlich betrachtet, manche Ähnlichkeit mit den Hunnen hatte, sich aber dennoch ganz anders verhielt. Darum hat man es vergessen. Das waren die Sarmaten.

Dieses Volk gehörte zu den „Ariern". Dieser Begriff hat nichts mit „Menschenrassen" zu tun, wie die Nazis einst behaupteten, sondern mit S p r a c h e n. Fast alle Sprachen, die heute in Europa (zum Teil inzwischen auch in vielen anderen Erdteilen) benutzt werden, gehören zur sogenannten Familie der i n d o e u - r o p ä i s c h e n Sprachen. Vor Jahrtausenden waren sie alle eng mit einander verwandt, ja sie müssen vor noch längerer Zeit einmal aus einer gemeinsamen Wurzel entsprungen sein.

Die Geburtsstätte der Menschen, die einst diese Wurzel bildeten, muss irgendwo in den Weiten Innerasiens gelegen haben, irgendwo zwischen Schwarzem Meer und Pamir. Nach langer Ungewissheit lässt sich das heute mit einiger Wahrscheinlichkeit sagen. Ein Teil dieser Menschen mit indoeuropäischen Sprachen ist später, Jahrtausende v o r Christi Geburt, nach Westen, nach E u r o p a, ausgewandert, andere Teile nach I n d i e n. Sie haben ihre Sprachen mitgenommen und den Menschen aufgezwungen, zu denen sie damals kamen. Daher der Name der Sprachfamilie.

Im innerasiatischen Heimatgebiet waren natürlich noch größere Gruppen zurückgeblieben, von ihnen wanderten etwas später die aus der Geschichte der antiken Welt bekannten Perser in ihre neue Heimat ein. In den sich damals noch sehr ähnlichen Sprachen der alten Inder und Perser nannten sich die damaligen Sprecher die „Arier", die „Reinen". Aus dieser S p r a c h gruppe des „Nordiranisch-Arischen" stammt auch die Sprache der Sarmaten.

Genetisch waren ursprünglich sicher alle die Nutzer dieser Sprachen ebenfalls miteinander verwandt. Sie zeigten äußerlich die helle Haut und früher auch helle Haare und andere Merkmale, die die „Europiden" noch heute im Allgemeinen von „Mongoliden" oder „Negriden" unterscheiden. Das sind die wichtigsten menschlichen Erscheinungsformen (nicht „Rassen"), die sich im Laufe der Entwicklung des „Homo sapiens" herausgebildet haben.
Bei den Indoeuropäern, die in Mittelasien zurückgeblieben worden waren - die „Zuzügler" nach Europa waren schon vorher

8

aufgebrochen –, trat bei den Menschen, die dort verblieben waren, ein wichtiger Wandel ihrer Lebensweise ein. Bisher hatten sie mit den Methoden und Hilfsmitteln der Steinzeit einfachen Ackerbau betrieben und Vieh gezüchtet: Schafe, Ziegen, bald auch schon Rinder und Pferde.

Doch dann lernten die Menschen in den Steppen zwischen Schwarzem Meer und Pamir, dass die Wildpferde, die in riesigen Herden dort lebten, noch viel besser zu nutzen waren als zum Verzehr oder zum Ziehen von Wagen. Man konnte auf ihnen r e i t e n. Diese epochemachende „Erfindung" scheint erst am Anfang des letzten v o r christlichen Jahrtausends dort in den Steppen Südrusslands (heute Kasachstan) gelungen zu sein. Sie hat wohl in nur wenigen Jahrzehnten alle dort lebenden Menschen auf Dauer geprägt.

Seitdem waren die Völker, die dort lebten, stolze Reiterhirten geworden. Das Reiten auf Pferden erweiterte schlagartig die Weidefläche der Rinder- und Schafherden, gestattete den Erwerb größerer Herden, gleich ob auf friedliche oder kriegerische Weise, und veränderte zugleich das Bewusstsein der Reiter.

Die Tatsache, Reiter zu sein, auf pfeilschnellen Rossen blitzschnell riesige Entfernungen zurücklegen zu können, das war für die Männer, Krieger und bisherige Hirten zu Fuß, etwas grundsätzlich Anderes als das Leben eines dem Erdboden verhafteten Bauern, das war etwas Vornehmes, Ritterliches, Kämpferisches.

Ganz sicher werden nicht a l l e Menschen im Steppengebiet plötzlich zu Reiterhirten geworden sein, sondern es wird überall weiter ansässige Bauern gegeben haben, wenn auch vielleicht weniger als bisher. Nomadische Hirten kommen nicht ganz ohne die Erzeugnisse des Bodens aus, die von den Bauern hervorgebracht werden, und die Bauern konnten ihr Getreide und Gemüse gut gegen die Überschüsse der Rinder- und Schafherden tauschen. Beide Seiten hatten großen Nutzen von dieser friedlichen Zusammenarbeit.

Das erste Volk dieser Reiterhirten, das man mit Namen kennt, waren die K i m m e r i e r. Sie hatten ihren Ursprung wohl in den Steppen nördlich des Schwarzen Meeres, ließen sich aber von ihren Pferden zeitweise bis weit in den Nahen Osten und bis nach Mitteleuropa tragen, als unstete Räuber und Plünderer. Doch um das Jahr 600 v. Chr. verschwanden sie mehr oder weniger spurlos, verdrängt von einem Volk ganz ähnlicher Sprache, Kultur und Lebensweise, den S k y t h e n. Sie waren für die nächsten Jahrhunderte die Herrscher auf den Steppen Südrusslands.

Mit diesen Skythen hatten die G r i e c h en viel zu tun, die in den letzten Jahrhunderten vor Christi Geburt an den Küsten Kleinasiens und des Schwarzen Meeres überall Kolonien gründeten, kleine Städte, die mit den Nachbarn im Hinterland nützlichen Handel trieben. Die Griechen nannten die gesamte riesige Weite Osteuropas bis nach Skandinavien hinauf Skythia; aber das Gebiet blieb ihnen weitgehend unbekannt.

Auch die H u n n e n hatten wohl in der gleichen Zeit das Reiten gelernt. Ihre Heimat lag ebenfalls in der Weite Innerasiens nördlich der Gebirge Pamir, Hindukusch und Himalaya, aber einige tausend Kilometer von der indoeuropäischen „Urheimat" entfernt. Die Menschengruppe, der sie entstammten, hatte sich wohl aus den im Osten Asiens entstehenden „Mongoliden" heraus zu einer besonderen Art entwickelt, die man in der Wissenschaft heute „turk-mongolisch" nennt. Von den Völkern aus indoeuropäischer Wurzel unterschieden sie sich grundlegend, sowohl ethnisch wie sprachlich und vor allem kulturell.

Auch diese Hunnen waren wohl einst berittene Hirten oder Jäger, aber bei ihnen hatte sich ein Königtum entwickelt, das bald von sich glaubte, ihm stünde das Recht zu, „Herr der Welt" zu sein – oder wenigstens Herr aller Völker in erreichbarer Nähe. Die berittenen Krieger der Hunnen waren nur zu gerne bereit, ihren Königen dazu zu verhelfen, durften sie doch bei den ständigen Kriegen nach Herzenslust bei diesen Nachbarn morden und vor allem plündern. Diese Hunnen werden am Schluss dieser kurzen Einleitung noch eine sehr wichtige Rolle spielen. Doch vorerst, in den Jahrhunderten vor und nach der Zeitenwende, lebten sie noch weit weg im Osten Innerasiens, und niemand in Europa wusste von ihnen.

2. Gesellschaft, Religion und Lebensweise der Sarmaten

Einst, als das Reiterhirtenvolk der Skythen die Steppen der heutigen Ukraine beherrschte, waren die S a r m a t e n ihre östlichen Nachbarn. Doch allmählich wurden die Sarmaten stärker und begannen die Skythen zu bedrängen. Etwa zu Christi Geburt waren s i e das herrschende Volk am Nordufer des Schwarzen Meeres geworden, und von den Skythen hörte man nichts mehr. Dabei waren auch deren Besieger enge sprachliche, ethnische und kulturelle Verwandte der Skythen.

Mit den Sarmaten hatte nun das Römische Reich zu tun, das seinen Einfluss schon so weit in den Osten Europas ausgedehnt hatte. Die R ö m e r nannten die Weite Osteuropas „Sarmatia", doch verwechselten viele der antiken und mittelalterlichen Schriftsteller häufig die Begriffe Skythia und Sarmatia; sie sahen wohl gar keinen Unterschied darin. Beide Begriffe bezogen sich ja auf dieselbe Gegend.

Den Römern waren ihre Nachbarn, die Sarmaten, viel zu weit entfernt, als dass sie sich näher damit beschäftigt hätten. Daher weiß man aus antiken Quellen praktisch nichts über dieses Volk, anders als über die Germanen, für die man immerhin das berühmte Werk „Germania" des Tacitus kennt. Doch gibt es heute noch zwei „Volkssplitter" dieser Sarmaten, aus deren Denk- und Lebensweise man manches über ihre Vorfahren erfahren kann.

Der eine dieser Überreste ist das Volk der O s s e t e n im Kaukasus, heute benutzen noch etwa 500 000 Menschen deren Sprache. Man weiß von diesen Osseten, dass sie Reste des sarmatischen Volkes (ursprünglich Stammes) der Alanen sind, die sich im späten 4. Jahrhundert n. Chr. vor dem Ansturm der Hunnen in die unzugänglichen Täler des Kaukasus-Gebirges geflüchtet haben. Allerdings sind diese Osseten inzwischen doch schon stark von den umgebenden Kaukasus-Völkern und vor allem von den Russen beeinflusst worden, die seit gut 200 Jahren dort herrschen.

Kaum von Fremden beeinflusst ist dagegen ein winziges Völkchen im Himalaya, am Oberlauf des Indus, das jedoch nur noch gut 2000 Menschen zählt. Es heißt M i n a r o und ist erst in den letzten Jahren näher von europäischen Ethnologen untersucht worden. Offenbar haben sich schon vor 2000 Jahren Menschen aus der Gruppe, die zuvor die „arischen" Inder, die Perser und die Reitervölker mit indoeuropäischer Sprache hervorgebracht hatte, dort in die Bergeinsamkeit zurückgezogen.

Sie sehen heute noch sehr „europäisch" aus, im Gegensatz zu ihren Nachbarn mit tibetisch-mongolischen Gesichtszügen. Und so wenige Minaros es nur noch gibt, so leisten sie sich zwei Bevölkerungsklassen, die streng voneinander getrennt existieren. Ein Mann aus der Adelskaste, der ein Mädchen aus der unteren Kaste zur Frau nimmt, darf das Haus seiner Eltern nie mehr betreten, in drei Generationen nicht. Aber die b i o l o g i s c h so geschiedenen Kasten sind durch r e l i g i ö s begründete Schwurgemeinschaften auf Dauer miteinander verknüpft: mehrere Bauern oder Handwerker aus der unteren Kaste leisten für sich und ihre Familien einem Adligen einen lebenslang gültigen Gefolgschaftsschwur. Der hat Wirkung nicht nur für die Menschen aus der unteren Kaste, sondern genauso für den Adligen: er ist für seine Gefolgsleute verantwortlich und muss ihnen helfen und in Schwierigkeiten beistehen.

Dieses Prinzip dürften auch die sarmatischen „Vorfahren" der Minaros angewendet haben. Nach allem, was man weiß oder erschließen kann, haben sich die Adligen der Sarmaten streng nach der Devise verhalten und die zu ihrer Schwurgenossenschaft gehörigen und damit ihrem Schutz anvertrauten Menschen nie als Sklaven oder „unberührbar" behandelt. Stattdessen könnte der heute noch für den gesamten europäischen Adel geltende Spruch „Noblesse oblige – Adel verpflichtet" direkt dem Denken dieses bemerkenswerten Volkes entsprungen sein.

Von der Religion der Sarmaten weiß man praktisch nichts, hier hilft auch der Vergleich mit den Minaros nicht weiter, die offenbar heute noch einen v o r- indoeuropäischen Feen-Glauben praktizieren.

Doch was die Minaros über die „Reinheit" denken, ist höchst aufschlussreich und lässt Rückschlüsse auf die Einstellung der Sarmaten zu. Den Minaros als Bewohner des Hochgebirges erscheint die Berghöhe als „rein", das tiefe Tal als „unrein". Dasselbe gilt auch von den Menschen: die Angehörigen der oberen Klasse sind wohl von sich aus „reiner" als der unteren, Männer mehr als Frauen, doch kann ein Mensch durch eigenes Tun mehr Reinheit oder mehr Unreinheit in sich aufnehmen. Die weibliche Menstruation und der Tod lässt nach dem Glauben der Minaros den Zustand der Unreinheit ohne eigenes Zutun entstehen. Dann ist eine rituelle Reinigung Pflicht, sie kann durch Einatmen von Wacholder-Rauch bewirkt werden, „nicht reine" Tote müssen im „reinigenden heiligen Feuer" verbrannt werden.

Daraus lässt sich für die Sarmaten schließen, dass die Angehörigen der Adelsklasse, vor allem die Männer – bei ihnen „Schah" genannt – von sich aus selbst nach dem Tod als ausreichend rein galten, so dass ihre Körper im Normalfall unverbrannt bestattet werden konnten. Leichen der unteren Klasse mussten jedoch verbrannt werden, um sie für ihren „Weg ins andere Leben" rein zu machen. Nur die Adligen, vielleicht auch nur die Fürsten unter ihnen, erhielten zudem einen Grabhügel über dem Körpergrab, wie das schon ihre Urahnen in der südrussischen Steppe vor tausend oder mehr Jahren getan hatten.

Deutschen Archäologen könnte dieses Wissen manches Raten ersparen. Sie haben vor allem aus dem 5. und 6. Jahrhundert n. Chr. in Deutschland etliche Friedhöfe ausgegraben, wo die angebliche Regel nicht stimmte, dass die Germanen – die es ja nach Überzeugung der Archäologen dort nur geben konnte – ihre Toten n u r unverbrannt o d e r verbrannt (je nachdem) beigesetzt hatten. Wenn dann in der Nähe solcher Grabstätten auch noch Gräber von P f e r d e n auftauchten, dann waren die Archäologen total verwirrt und konnten das nur durch eine „Übernahme von Sitten aus dem Südostraum Europas" durch die Germanen in Deutschland erklären. Zu den Pferdegräbern, einem offenbar n u r für Sarmaten geltenden Brauch, ist Näheres im Teil II dieses Buches nachzulesen.

Als berittene Hirten von Großvieh, Rindern und Schafen, mussten die Sarmaten mit ihren „Wohnungen" beweglich sein, denn die Herden zogen ja immer weiter, wenn das Futter in einem Tal oder einer bestimmten Gegend abgegrast war. Vermutlich schliefen die Familien in hölzernen Karren, die von geduldigen Ochsen gezogen wurden, oder in den Zelten aller asiatischen Reitervölker bis heute, den Jurten, die aus einem Holzgestänge bestanden, die mit Fellen abgedeckt wurden. Das ist ein Grund, warum die Wissenschaft der Archäologie die Sarmaten so gar nicht finden kann, denn sie errichteten nun einmal keine Häuser.

14

Die Lebensweise und die Einstellung der Sarmaten dürfte ein wenig der der berühmten Cowboys im Wilden Westen der USA im 19. Jahrhundert geähnelt haben. Sie waren schnell mit der Waffe zur Hand; wenn sie oder ihr Vieh bedroht wurden, und sie waren durchaus kampferprobte und tapfere Krieger, wenn es sein musste. Aber sie waren keine blindwütigen Plünderer oder größenwahnsinnige Eroberer wie die Hunnen. Deshalb hat man sie vergessen und die Hunnen nicht.

Man weiß nicht genau, ob in der langjährigen Heimat der Sarmaten, dem Gebiet der heutigen Ukraine, eine bäuerliche Bevölkerung jeweils zu dem betreffenden Stamm gehörte, oder ob es sich einst um anders benannte Menschengruppen handelte. Auf jeden Fall musste aber ein intensiver Tauschhandel zwischen Viehhirten und Bauern stattfinden: Fleisch, Milchprodukte, Wolle, Leder und andere tierische Produkte gegen Getreide, Gemüse, Leinwand und andere Erzeugnisse der Bauern. Beide Seiten fuhren gut dabei.

3. Aus der bewegten Geschichte des Volkes

In den letzten Jahrhunderten vor der Zeitwende müssen die Sarmaten mit großem Druck von Osten her über den Don und Dnjepr in das damalige Wohngebiet der Skythen eingedrungen sein. Wie schon erwähnt, hatten sie um die Zeit von Christi Geburt die Skythen besiegt – oder richtiger gesagt, die Reste dieses Volkes in sich aufgenommen. In dieser Zeit war wohl schon eine wichtige Veränderung in der inneren Ordnung ihrer Gesellschaft eingetreten.

In der Frühzeit des sarmatischen Volkes gab es bei ihm eine Besonderheit: Auch junge Frauen kämpften in Kriegen mit, als geschickte Reiterinnen und Bogenschützen. Die frühen Griechen hörten davon und machten sich in Legenden und Bildwerken ein Bild von diesem „Amazonen". Doch später änderte sich die Kampfweise der Sarmaten. Sie griffen nun in geschlossener Reiterfront mit langen Lanzen ihre Gegner an, geschützt durch schwere Kettenpanzer. Da konnten Frauen körperlich nicht mehr mithalten, und so mussten sie allmählich aus ihrer gleichberechtigten Rolle im sarmatischen Volk ausscheiden.

Lange waren die Sarmaten Nachbarn der griechischen Städte, die sich ab dem 6. Jahrhundert vor Christus unter anderem auch im Nordrand des Schwarzen Meeres angesiedelt hatten. Doch allmählich verlagerten die Sarmaten die Weidegründe für ihr Vieh weiter nach Westen, in die Tiefebene, die man heute auf Ungarisch Puszta nennt.

Von alten Zeiten her zerfiel das Volk der Sarmaten in verschiedene Stämme (ähnlich wie die Germanen), die anfangs so etwas wie enge Kampfgemeinschaften waren, später allerdings wohl hauptsächlich Kultgemeinschaften. Von einigen wichtige Stämmen kennt man die Namen: Jazygen, Roxolanen , Aorsen, Alanen und Turker (nicht mit den modernen Türken zu verwechseln).

Ab etwa dem 1. Jahrhundert n. Chr. kamen g e r m a n i s c h e Stämme, wie die Goten und die Rugier, ins südliche Russland, in die Ukraine und ins heutige Rumänien. Sie waren von der Ostseeküste her immer weiter nach Süden gewandert und hatten sich in den fruchtbaren Regionen der Ukraine, der „Schwarzerde" im Südwesten, als Bauern festgesetzt. Von größeren Kämpfen zwischen Sarmaten und Germanen ist nichts bekannt, die Nachbarn scheinen sich recht gut vertragen und sogar einander in der Lebensweise, aber auch der Bekleidung und den Gebrauchsgegenständen angeglichen zu haben.

In den ersten Jahrhunderten nach Christi Geburt – das heißt, in der Frühzeit des Römischen Reiches – waren die germanischen

16

Völker im Nordteil der Balkan-Halbinsel, aber eben auch die Sarmaten, Nachbarn dieses Reiches, das den Unterlauf der Donau als seine Grenze benutzte und auch befestigt hatte („Limes").

Es kam gelegentlich zu Kriegen zwischen Rom und seinen Nachbarn, immer über die Donau als Grenze hinüber. In den bekanntesten dieser Kriege – sie heißen in der Geschichtsliteratur die „Markomannenkriege" (ca. 160 – 180 n. Chr.) – waren offenbar Sarmaten mit den germanischen Markomannen verbündet, siegten mit ihnen oder wurden mit ihnen besiegt, wie das in diesen wechselvollen Kriegen mehrfach passierte.

Aus dem Jahr 175 n. Chr. berichten römische Geschichtsschreiber von einem Frieden, den die Sarmaten mit den Römern abschließen mussten, als sie besiegt waren, aber immerhin noch nicht so, dass die Verlierer jede Bedingung hätten akzeptieren müssen. Die Sarmaten mussten sich verpflichten, sich 10 römische Meilen (ca. 15 km) von der Donau, der Grenze, fernzuhalten, sie mussten Gefangene herausgeben, und vor allem mussten sie 8000 ihrer berühmten Panzerreiter dem römischen Heer überlassen.

5500 davon, vermutlich 10 „Dracones" (Regimenter), wurden sogleich quer durch Europa in Marsch gesetzt, um im Norden Britanniens am sogenannten „Hadrianswall" die Grenze des Römischen Reiches gegen die Pikten (die Urahnen der Schotten) zu verteidigen. So wurde das Volk der Sarmaten zugleich militärisch geschwächt und dem römischen Heer hoch geschätzte Elitesoldaten gewonnen.

Wie stets, waren die Krieger von ihren Familien und Gesinde begleitet, doch war das so selbstverständlich, dass es antike Autoren nie erwähnt haben. Vermutlich gingen diese in ein fernes Land verpflanzten Sarmaten nicht etwa im „römischen Völkerbrei" unter, sondern haben dem eigentlich keltischen Volk der

Waliser später ihre Anführer gestellt. Der berühmte König Artus war wahrscheinlich sarmatischer Abstammung- Doch kann das hier nicht näher untersucht werden.

Auch später muss es immer wieder einmal zu Kriegen gekommen sein, doch scheinen sie weder das Römerreich noch die verschiedenen Stämme der Sarmaten besonders schwer in Mitleidenschaft gezogen zu haben. Daneben und sogar während solcher Kriege gab es immer wieder sarmatische Gruppen, die sich freiwillig dem römischen Heer als Söldner zur Verfügung gestellt haben. Sie waren ja als Spezialtruppe hoch geschätzt und haben wohl im Allgemeinen treu die Dienste geleistet, die Rom von ihnen erwartete.

Gerade in der Spätzeit des Römischen Reiches bestand dessen Heer fast nur noch aus solchen „barbarischen" Söldnern. Ein sarmatisches Reiterregiment, ein „Draco", zählte vermutlich etwa 500 Reiter und wurde von je etwa 2000 Familienangehörigen und Gesinde begleitet. Ganz allmählich begann das Volk der Sarmaten sich in zahlreiche solche kleinere, manchmal auch größere „Volkssplitter" aufzulösen.

Die Offiziere dieser Truppen stammten natürlich alle aus der Adelskaste der Sarmaten, den „Schah" (wahrscheinlich „Schach" gesprochen). Diese Offiziere trugen im Kampf einen Wollmantel über ihrer Eisenrüstung, der beim Ritt und beim Kampf als Erkennungszeichen diente; diese Mäntel waren so etwas wie Vorläufer der späteren Fahnen und auch der bunt bemalten Wappenschilde der Ritter, denn sie waren in verschiedenen Mustern gewebt, je nach dem Stamm, aus dem das Regiment oder die Gruppe kam.

Diese Muster sind wichtige Indizien für die weite Verbreitung der Sarmaten in der späten Völkerwanderungszeit; sie haben sich über viele Generationen in den jeweiligen Adelsfamilien gehalten

18

und sind später in ritterliche und fürstliche Wappen umgewandelt worden und haben sich so für die Nachwelt erhalten. Das wird später noch wieder aufgegriffen werden.

Das Ende des 4. nachchristlichen Jahrhunderts brachte für das Römische Reich, aber auch für alle seine Nachbarn im europäischen Osten eine Zeit der Bedrohung, der Flucht und der Unterwerfung. Denn die Hunnen setzten plötzlich zum Feldzug gegen Europa an.

Dieses Volk war inzwischen bei seiner konsequenten Wanderung nach Westen aus Innerasien an der Wolga angekommen, die man damals und auch heute noch als Grenze zwischen Asien und Europa ansieht. Das germanische Volk der Ostgoten, das sich dort angesiedelt hatte, versuchte sich mit seinen Reitern den Hunnen entgegen zu stellen, wurde aber geschlagen, sein König Ermanerich verlor sein Leben und die übrig gebliebenen Ostgoten verloren ihre Freiheit. Sie mussten sich bedingungslos der Befehlsgewalt der Hunnen unterwerfen.

Andere Völker flüchteten nach Westen, so die Westgoten aus Rumänien ins Römische Reich südlich der Donau (das heutige Bulgarien). Die Alanen, einst ein Stamm der Sarmaten, inzwischen ein eigenes Volk, retteten sich teilweise in den für Reiterheere nicht zugänglichen Kaukasus und wurden dort später zu den schon erwähnten Osseten. Ein anderer Teil der Alanen trat zusammen mit den germanischen Vandalen, Sueben und weiteren Völkerteilen einen abenteuerlichen Zug durch den Westen des Römischen Reiches an, der sie bei Mainz über den Rhein nach Gallien, dann zusammen mit den Vandalen nach Spanien und schließlich nach Afrika ins heutige Tunesien führte (ab 406 n. Chr.).

Einige kleine Gruppen von Sarmaten scheinen diese große „Völkerwanderung" – die einzige, die diesen Namen wirklich verdient – auf der Flucht vor den Hunnen mitgemacht zu haben. Viele Anzeichen deuten darauf hin, dass sich in diesen Jahren Sarmaten in der fruchtbaren Region rund um die Stadt Mainz, links und rechts des Mittel-Rheins, niedergelassen haben, gewissermaßen als zurückgebliebene Nachzügler des großen Völkersturms. Im Band 1 dieser Reihe ist das näher beschrieben.

Doch die meisten Sarmaten - und auch ihre germanischen Nachbarn – von der nördlichen Balkan-Halbinsel bis hinüber in die Ukraine konnten nichts anderes tun, als sich der Herrschaft der Hunnen zu unterstellen. Dann wurde bei ihnen wenigstens nicht mehr geplündert und gemordet. Aber die unterworfenen Völker mussten den hunnischen Kriegern alles liefern, was diese für ihren Lebensunterhalt und für ihre Bequemlichkeit benötigten, und dem König der Hunnen mussten sie Hilfstruppen stellen, wenn der gegen weitere Nachbarn in den Krieg zog – und das geschah sehr oft. Mehrere Jahrzehnte dauerte diese entwürdigende, aber für die Bauern und Familienangehörigen der zum Fremddienst gepressten Krieger ereignislose Zeit.

So haben sicher auch sarmatische Reiter im Heer des Hunnenkönigs Attila in der berühmten „Schlacht auf den katalaunischen Feldern" im Norden Galliens (451 n. Chr.) mitgekämpft, auch wenn sie von den wenigen römischen Quellen nicht besonders erwähnt wurden. Diese Schlacht deutete das nahende Ende der Hunnenherrschaft an, denn Attila verlor sie, und damit war sein „Heil" beschädigt, die Aura der Unbesieglichkeit, die ihn bisher umgeben hatte.

Attila konnte mit einem Teil seiner Truppen nach Ungarn entkommen, und bereits im nächsten Jahr versuchte er erneut einen Feldzug gegen das weströmische Kaiserreich, indem er in Oberitalien einfiel. Doch eine Seuche, die auch seine eigenen Truppen bedrohte, machte auch diesem Versuch, sein Ansehen wiederherzustellen, ein baldiges Ende. Ein Jahr später (453) war der gefürchtete Hunnenkönig tot, angeblich im Brautbett gestorben.

Der hunnische „Staat", der nur auf der Furcht vor dem König Attila aufgebaut war, zerfiel schnell. Seine Söhne zerstritten sich, und die Germanenstämme in seinem ehemaligen Herrschaftsgebiet nutzten die Gelegenheit. Sie taten sich zusammen und besiegten die Hunnen in einer „Schlacht am Fluss Nedao", wohl 454.

Von einem Tag zum anderen war damit die Hunnenherrschaft und damit auch die Furcht vor diesem Volk vorüber, spätestens zwei Jahre nach Attilas Tod. Einige der Söhne Attilas begaben sich mit ihren Gefolgschaften als Söldner in den Dienst des Oströmischen Reiches (Hauptstadt Konstantinopel), andere flüchteten nach Osten und einige wenige unterwarfen sich nun ihrerseits den siegreichen Germanen.

II.

Das kurzlebige Königreich der Thüringer

1. Die Entscheidung zur Auswanderung aus Pannonien

Mit dem Sieg der germanischen Völker auf der Balkanhalbinsel über die Hunnen waren zwar die gehassten fremden Herren verschwunden. Aber die bisher ereignislosen Zeiten in der damals Pannonien genannten Region waren auch vorüber. Denn nun begannen die dort lebenden germanischen Völker, sich gegenseitig anzugreifen.

Über die Gründe dafür hat die einzige antike Quelle für diese Vorgänge, der Historiker Jordanes, leider nichts berichtet. Dieser Jordanes soll seiner Abstammung nach ein Pannonier gewesen sein; damit gehörte er zu einer Bevölkerungsgruppe im Römischen Reich, die schon lange „romanisiert" worden war, also in Sprache und Kultur sich stark an das Herrenvolk mit seiner lateinischen Sprache angepasst hatte. Die Pannonier waren ursprünglich wohl ein stark von Kelten beeinflusstes Volk im heutigen Ungarn. Historiker trauen diesem Jordanes manches Wissen über die seiner Lebenszeit vorausgegangenen Zeiten der Hunnen-Herrschaft zu, aber er hat davon offenbar nur wenig verraten. Außerdem kennt man sein Geschichtswerk nur durch Auszüge, die ein etwas späterer Geschichtsschreiber in lateinischer Sprache, Cassiodor, überliefert hat.

Deutsche Historiker der Neuzeit haben sich – wenn überhaupt – ausschließlich mit den G e r m a n e n jener Zeit im Nordteil der Balkanhalbinsel beschäftigt und die wahrscheinlich zahlreicheren

S a r m a t e n   in der gleichen Region völlig außer Acht gelassen.

Man kann aus den spärlichen Andeutungen des Jordanes nur schließen, dass die Ostgoten, die Gepiden, Heruler, Rugier, Sueben, Vandalen, Langobarden oder Skiren, diese Völker mit g e r m a n i s c h e r Sprache, die seit langem im heutigen Ungarn und Rumänien oder in der Nachbarschaft lebten, in den Jahren der hunnischen Zwangsherrschaft gehindert waren, ihre gegenseitigen Abneigungen mit dem Schwert kundzutun, wie sie das früher so gerne getan hatten. Die Furcht vor dem Eingreifen der hunnischen Oberherrn hatte das verboten. Jetzt aber konnten sie wieder nach Herzenslust aufeinander einschlagen.

Die daran nicht beteiligten Sarmaten in der Nachbarschaft muss das schwer betroffen haben. Wahrscheinlich nahm alle paar Monate ein hungriges Germanenheer seinen „Mundvorrat" von den Herden der Sarmaten mit, an denen es vorbei kam. Außerdem wurden vermutlich die Herden immer wieder von den durchziehenden oder kämpfenden Germanen in ein gefährliches „Stampede" versetzt.

Die Eigentümer dieser Herden, die sarmatischen Adligen, waren zwar tapfere Krieger, aber ihre kleinen Schwurgemeinschaften von Kriegern und Gesinde lebten nicht in enger Nachbarschaft mit anderen Sarmaten, sondern mit bewusst größerem Abständen zu den Herden des Nachbarn. Daher waren sie nun nicht in der Lage, sich gegen Heere von Germanen zur Wehr zu setzen, wenigstens nicht ohne längere Vorbereitungen.

Bei diesem Volk scheint es nie ein ausgeprägtes Gefühl einer „völkischen" Einheit gegeben zu haben (ebenso wenig übrigens wie bei den gleichzeitigen Germanen !!). Selbst die kulturelle Verbundenheit innerhalb der alten S t ä m m e der Sarmaten, die sich vielleicht in gemeinsamen religiösen Riten und kultureller

Verbundenheit zeigte - und höchstwahrscheinlich noch lange in einer gemeinsamen Farbe der Adelsmäntel -, war jetzt, nach dem Ende der Hunnenzeit, die so Vieles verändert hatte, im Verblassen.

Ein „vereintes Volk der Sarmaten" hätte vielleicht sich gegenüber den Germanen behaupten können, denn schließlich waren die Krieger dieses Volkes an Tapferkeit und Kampftüchtigkeit den Germanen wahrscheinlich durchaus ebenbürtig. Aber ein solches „vereintes Volk" gab es eben nie.

Die größten Einheiten von Kriegern, die sich noch zusammenfinden konnten, waren wohl die „Dracones" (Regimenter); sie waren offenbar nicht nur im Militäreinsatz, sondern auch im zivilen Leben wohl organisierte Einheiten. Sie umfassten je ca. 500 – 600 Kriegern und höchstens 2000 Frauen, Kindern und Gesinde aus der unteren Kaste.

Die Befehlshaberschaft dieser Schwurverbände lag sicher bei den Anführern („Fürsten") der alten Adelsfamilien, deren jüngere Söhne gewissermaßen von Natur aus die unteren „Offiziersstellen" in diesen halb militärischen, halb zivilen Bevölkerungssplittern besetzten. Die adligen Familien in einem solchen Draco – untereinander vermutlich ziemlich nahe verwandt – könnten vielleicht je etwa 40 – 60 Mitglieder gezählt haben.

Die vorstehenden Behauptungen sind, wie fast alle Feststellungen über die Sarmaten, nicht in irgendwelchen alten Schriften zu finden, sondern entstanden aus logischen Überlegungen, die man anstellen kann, wenn schon viele Indizien zusammen gekommen sind, die etwas über die Lebensweise dieses Volkes aussagen.

Bei den Sarmaten in Pannonien dürfte also sehr rasch nach dem Ende der Hunnenherrschaft auf der Balkan-Halbinsel und damit dem Beginn der Kriege von Germanen untereinander der Gedanke aufgetaucht sein, aus der jetzt so ungemütlich gewordenen Heimat auszuwandern. Das konnte nur in relativ kleinen Gruppen geschehen; höchstens, dass sich zwei oder drei benachbarte Dracones zusammentaten, die wahrscheinlich auch durch eine Verwandtschaft der führenden Adelsgeschlechter verbunden waren.

Nur so lässt sich erklären, dass in der zweiten Hälfte des 5. Jahrhunderts n. Chr., offenbar sehr bald nach 455, überall in Osteuropa und auch in Mitteleuropa Anzeichen für die Ausbreitung sarmatischer Herrschaften über „einheimische" Bauern sichtbar werden und zur gleichen Zeit dieses einst große und menschenreiche Volk offenbar spurlos verschwindet (siehe dazu das Kapitel III.1 in diesem Buch).

Sehr wahrscheinlich lag dieses Verschwinden nicht nur am Fehlen antiker Autoren, die sich speziell für dieses Volk interessierten, sondern auch daran, dass eben ab dem Beginn des 6. Jahrhunderts einfach keine Sarmaten mehr da waren, über die hätte berichtet werden können.

Zwar gab es damals noch keine Zeitungen und auch kein Fernsehen, aber das bedeutete nicht, dass man nichts über geeignete Regionen wusste, wo die eigene Schwurgemeinschaft wohl gut leben könnte. Denn viel häufiger, als man heute glauben möchte, zogen Kaufleute mit ihren Karren oder beladenen Pferden bei den einzelnen Dörfern oder Wohnsitzen im fremden Land vorbei, boten ihre Waren an und tauschten dagegen bei den Bauern oder Hirten ein, was für sie von Wert war. Außerdem – und das war die zweite wichtige Funktion dieser Kaufleute, an die man heute nicht denkt – brachten sie Neuigkeiten mit.

Vielleicht waren ihre „Zeitungen" etwas konkreter und gegenwarts-bezogener als die „Mären", die die ebenfalls reisenden Sänger (althochdeutsch: Skops) zum Besten gaben. Beide Worte in Anführungsstrichen bedeuteten im Mittelhochdeutschen fast dasselbe, wobei damals noch niemandem die Idee kam, dass das eine Reales und das andere Erfundenes bedeuten könnte.

Die Kaufleute jedenfalls wussten den Dorfältesten, Häuptlingen oder Fürsten, bei denen sie einkehrten, viel zu erzählen über die Gegenden, wo sie früher gewesen waren, und sie wurden auch gezielt ausgefragt, auch nach dem, was sie von anderen Kaufleuten unterwegs gehört hatten. So wird man selbst bei den Adelsherren der sarmatischen Hirten in Pannonien recht gut Bescheid gewusst haben, wo es für sie Gegenden gab, die nicht von Kriegen kampfbesessener Germanen „verseucht" waren.

Eine Wegrichtung, die vom heutigen Ungarn aus nach Nordwesten führte, war gewissermaßen durch die Natur den Gruppen vorgeschrieben, die mit größeren Herden von Vieh, mit Wagen und mit zahlreichen Fußgängern und Reitern „auf Völkerwanderung" gehen wollten. Denn damals existierten zwar schon zahlreiche Handelsstraßen kreuz und quer durch Europa seit uralter Zeit. Aber das waren nach heutiger Sicht meist nur „Trampelpfade", gangbar für kleine Gruppen von Fußgängern, vielleicht auch Reitern und für einzelne Karren von Kaufleuten, aber nicht für hunderte oder gar tausende von Menschen auf einmal.

Wege für solche großen Züge boten im Altertum allein die Ufer größerer Flüsse, wie Rhein und Donau. Auch die Flüsse March und Elbe in Mähren und Tschechien waren geeignet, vor allem für alle Menschen, die ins heutige Deutschland wollten. Der Durchbruch der Elbe durch das Elbsandsteingebirge, der alten Grenze, bot überhaupt den einzigen Weg für größere Menschengruppen, das Grenzgebirge zu durchqueren.

War diese Strecke erst einmal überwunden, dann stand den Auswanderern kein größeres Hindernis mehr entgegen. Auf dem ganzen Weg von der pannonischen Puszta bis hierher hatten die Herden keine größere Höhe ersteigen, keinen Bergpass überwinden müssen, und an den Flüssen, an denen die sarmatischen Hirten entlang gezogen waren, konnten Vieh und Menschen stets nach Herzenslust trinken. Übrigens war die Entfernung von Ungarn bis nach Mitteldeutschland nicht länger als der Weg, den die amerikanischen Cowboys im 19. Jahrhundert von Nord-Texas mit ihren Herden an die ersten transkontinentalen Eisenbahnen in den USA zurücklegen mussten, um ihr im Sommer auf der Prärie gemästetes Vieh in die Schlachthöfe bringen zu lassen: zwischen 800 und 900 Kilometer.

2. Der Weg der Roxolanen nach Thüringen

Offenbar waren gleich im Jahr 455 etliche sarmatische Dracones ins „gelobte Land" Germanien ausgewandert. Ein Teil davon aus dem Stamm der J a z y g e n muss noch im gleichen Jahr das südöstliche Westfalen erreicht haben. Über ihre Schicksale berichtet der **Band 3: Die Westfalen und ihr weißes Ross.**

Doch zur gleichen Zeit müssen sich auch einige verbündete Dracones aus dem Sarmatenstamm der R o x o l a n e n auf den Weg in die gleiche Richtung gemacht haben. Sie wurden zu den Vorfahren der K ö n i g e d e r T h ü r i n g e r , denen dieser Band gewidmet ist. Woran sich erkennen lässt, aus welchem der sarmatischen Stämme die Auswanderer kamen, wird später in diesem Buch noch genauer dargestellt werden.

Diese Roxolanen hatten einst einen besonders ruhmvollen Stamm der Sarmaten gebildet, aber sie hatten in den letzten hundert Jahren, in Kämpfen mit oder gegen die Römer und später gegen oder mit den Hunnen, zahlreiche schwerwiegende Verluste an Menschen erlitten.

Von einer sehr folgenreichen, ja dramatischen Flucht eines Draco aus dem Stamm der Roxolanen wussten auch die im Lande Zurückgebliebenen. Die Nachkommen der vor mehr als drei Generationen Geflüchteten lebten zwar inzwischen in einer ganz anderen Ecke des Römischen Reiches und waren dort hoch angesehen, doch Nachrichten über deren Schicksale hatten sich immer wieder durch Kaufleute oder Liedersänger auch in der alten Heimat verbreitet.

Die Männer dieses Draco waren als römische Söldner an der Donaugrenze im Kastell Sicambria (heute Budapest) stationiert gewesen, aber sie hatten die Dummheit begangen, einen römischer Steuereinnehmer zu erschlagen. Römische Truppen wollten sie dafür bestrafen. Nach einigen verlustreichen Gefechten flüchteten die sarmatischen Soldaten mit ihren Familien an March und Elbe entlang bis nach Thüringen. Dort lebten sie einige Jahre unter der Herrschaft germanischer Häuptlinge, mussten aber auch von dort wieder flüchten, nachdem sie sich mit den einheimischen Thüringern zerstritten hatten.

Das hatte sich wohl nach den Jahren 375 – 395 n. Chr. abgespielt. Die Erlebnisse dieses Draco sind im Buch **Die Ahnen der Merowinger und ihr „fränkischer" König Chlodwig** genauer dargestellt.

Die Roxolanen in Pannonien wussten also, dass weit im Norden in Thüringen Land vorhanden war, das ihren Herden genügend Weidefläche bieten könnte. Allerdings mussten die sarmatischen Reiterhirten, wenn sie dort ihre neue Heimat suchen wollten, anders als damals die „Sicambrier" in genügender Zahl und Stärke erscheinen und sich von vornherein zu Herren der dortigen Bauern machen.

Das hat wahrscheinlich dazu geführt, dass sich zu dieser Auswanderung sämtliche noch an der Donau und Theiss vorhandenen

Dracones der Roxolanen zum gemeinsamen Zug nach Thüringen zusammenfanden. Diese verhältnismäßige Stärke lässt sich aus der Fülle von Pferdegräbern schließen, die gerade im heutigen Bundesland Thüringen, aber auch in Sachsen-Anhalt gefunden worden sind.

Der W e g nach Thüringen war durch die Flussläufe der March und der oberen Elbe vorgeschrieben, wie im vorigen Kapitel dargestellt. Schon im Jahr 455 oder unmittelbar danach müssen die sarmatischen Auswanderer aus Pannonien im fernen Land angekommen sein. Auch w o sie sich ansiedelten, zeigt die Karte der Pferdegräber in Thüringen und Sachsen-Anhalt auf den Seiten 34 und 35, nämlich in einem großen Bogen südlich, östlich und nord-östlich des großen Waldgebirges Harz.

3. Die geheimnisvollen Pferdegräber

Seit Menschen auf Pferden reiten gelernt hatten, sind immer wieder einmal solche treuen Helfer nach ihrem Tod sorgsam beigesetzt worden, auch wenn in der Regel Arbeitstiere „auf den Schindanger" kamen und vielleicht vorher aufgegessen wurden.

Solche Pferdegräber sind natürlich auch den Archäologen aufgefallen; sie konnten feststellen, wo sie häufig anzutreffen waren und worin sie sich im Detail unterschieden. E r k l ä r u n g e n für diese Unterschiede kann jedoch die Wissenschaft der Archäologie mangels zuverlässigen h i s t o r i s c h e n Wissens nicht liefern - - und wenn sie es dennoch versucht, dann kommen häufig Fehlurteile heraus. Doch die sind dann äußerst langlebig, weil wiederum die H i s t o r i k e r sich auf die „Erkenntnisse" der Archäologie verlassen und sich keine Mühe geben, selbst genauer zu forschen. Bei den Pferdegräbern der Sarmaten ist dieser „Systemfehler" besonders auffallend und bedauerlich.

Archäologische Grabungen haben inzwischen in Mitteleuropa, z. T. darüber hinaus, mehrere hundert Gräber festgestellt, in denen Pferde beigesetzt wurden [1]. In sehr vielen Fällen waren diese Pferdegräber ganz in der Nähe menschlicher Körpergräberfelder angelegt, selten aber waren ein Reiter und ein Pferd in e i n e m Grab beigesetzt (das sind dann sog. „Reitergräber"). Von den menschlichen Körpern waren viele unverbrannt beigesetzt worden, doch fiel auf, dass auch zahlreiche Brandgräber auf dem gleichen Friedhof anzutreffen waren.

Dieser Zusammenhang zwischen menschlichen Körper- und Brandgräbern sowie Pferdegräbern ist wohl von archäologischer Seite nie näher untersucht worden, er ist aber aus den Glaubensvorstellungen der irano-arischen Sarmaten leicht zu erklären (s. oben S. 14.). Man weiß zwar sonst praktisch nichts über diese Religion, nur dass als Verbindung zwischen den Menschen und den überirdischen Mächten bei bestimmten Anlässen Pferde geopfert wurden. Bei manchen dieser Anlässe wurde das Fleisch der Pferde gebraten und in kleinen Stücken von a l l e n Teilnehmern der Zeremonie gegessen.

Bei anderen Anlässen, eben dem Tod von Adligen, wurde ein Pferd getötet und wie sein Herr mit Ehrfurcht begraben. Doch wenn man die Anzahl der auf einem frühmittelalterlichen Gräberfeld beigesetzten Menschen und Pferde sorgfältig vergleicht, gewinnt man die Überzeugung, dass keineswegs jeder beigesetzte Adlige ein Pferdeopfer erhielt. Wahrscheinlich waren es nur die verstorbenen O b e r h ä u p t e r einer Adelssippe, denen diese Auszeichnung zuteil wurde, in einigen seltenen Fällen wurden für besonders verdiente Anführer gleich zwei Pferde mit ihnen auf

---

[1] Eine frühe Zusammenstellung älterer, regional erstellter Listen aus den 50er und 60er Jahren des 20. Jahrhunderts stammt von M. Müller-Wille, Pferde und Pferdeopfer im frühen Mittelalter, in: Jahrbuch des Rijksdienst voor Oudheidskundig Bodemonderzoeg 20/21 (Niederlande, 1972), S. 119 - 248

die Reise ins „Anderland" geschickt. In manchen Gegenden folgte ihnen auch ein Jagdhund oder ein Jagdtier (Hirsch) auf diese Reise. Solche Pferdegräber wurden also normalerweise nur in jeder Generation einmal angelegt.

Der besondere Ritus der Pferdeopfer lässt sich daran erkennen, dass fast immer Hengste, gelegentlich auch Wallache, geopfert wurden, indem den Tieren, die bereits in der Grabgrube standen, mit einem Schwert der Kopf abgetrennt und der Kopf in einer besonderen Nische abgelegt wurde [2]. Hengste galten als die edleren Tiere, doch Stuten sorgten für neue Geburten von Fohlen und somit für den Wertzuwachs der lebensnotwendigen Pferdeherden bei den Sarmaten. Sie durften normalerweise nicht geopfert werden.

Der erst im Frühmittelalter – genauer in der zweiten Hälfte des 5. Jahrhunderts n. Chr. – aufgekommene Brauch von Pferdebestattungen in Mitteleuropa ist von der archäologischen Wissenschaft bisher immer für eine germanische Sitte gehalten worden, oder für einen Brauch, den Germanen infolge von *„Fernbeziehungen, eventuell zu Reiternomaden aus dem Südosten"* übernommen hatten [3].

Historische Fakten belegen jedoch, dass die hier beobachteten Pferdegräber n i c h t von den „klassischen" Reiternomaden des Frühmittelalters stammen können.

---

[2]   Diese Zusammenfassung von zahlreichen Untersuchungen ist der Dissertation von Verena Freiin von Babo, Pferdebestattungen auf dem frühmittelalterlichen Gräberfeld Drantumer Mühle, Gem. Emstek, Kreis Cloppenburg, Diss. Hannover 2007, zu verdanken, die auch die meisten anderen Pferdebestattungen in Mitteleuropa einer statistischen Auswertung unterzogen hat.
[3]   Heiko Steuer, Pferdegräber, in Bd. 23 des Reallexikons d. german. Altertumskunde, Berlin-New York 2002, Sp: 50 - 96

- H u n n e n legten nur Pferdehäute und –köpfe ins Grab ihrer gefallenen und bestatteten Krieger [4]. Außerdem waren sie ab der Mitte des 5. Jahrhunderts bereits aus Europa wieder verschwunden, b e v o r dort die Pferdegrabsitte auftrat.

- A w a r e n, ein anderes Reiterkriegervolk aus Innerasien, vermutlich turk-mongolischer Abstammung, fielen erst ab 560 in O s t europa ein; zu dieser Zeit war die Pferdegrabsitte in M i t t e l europa bereits voll ausgebildet.

- G e r m a n i s c h e Ostgoten, Gepiden und Langobarden haben offenbar den besonderen Brauch der Pferdegräber in der beschriebenen Form ausgeübt (vermutlich auf sarmatische Anregung hin), aber in ihrer H e i m a t während der Völkerwanderungszeit, nämlich in Pannonien, Mähren, Niederösterreich, später in Italien. Nach Mitteleuropa kamen diese Völker nicht, jedenfalls nicht in größerer Zahl.

Die in Mitteleuropa beobachtete Beisetzungsart ist jedoch typisch für das Reiterhirtenvolk der S a r m a t e n , wie archäologische Forschungen für hunderte derartiger Gräber aus der Frühzeit des Volkes in der Ukraine und Südrussland zeigen [5].

Die bisher veröffentlichten Karten von Pferdegräbern in archäologischen Fachaufsätzen [6] täuschen durch ihre starke Verkleinerung eine große Häufigkeit solcher Gräber vor. Selbst wenn man

---

[4]   Peter Tomka, Über die Bestattungssitten der Hunnen, im Katalog „Attila und die Hunnen" zur entsprechenden Ausstellung Speyer 2007, S. 256

[5]   U.a. Jaroslaw Lebedynsky, Les Sarmates, Amazones et lanciers cuirassés entre Oural et Danube VIIe siècle av. J.C. ·· – VI ^{e} siècles apr. J.C. : edition Errance , Saint –Germain-de Puys (Frankreich), 2002, ISBN 2-87772-235-X

[6]   So z. B. die von Vera Brieske, Karte Verbreitung frühmittelalterliche Pferdegräber 5. – 8. Jh. nach Müller-Wille (1972) und Gebers (2005). In „Die Herrschaften von Asseln – ein frühmittelalterliches Gräberfeld am Dortmunder Hellweg" (Ausstellungskatalog München-Berlin 2007, S. 102)

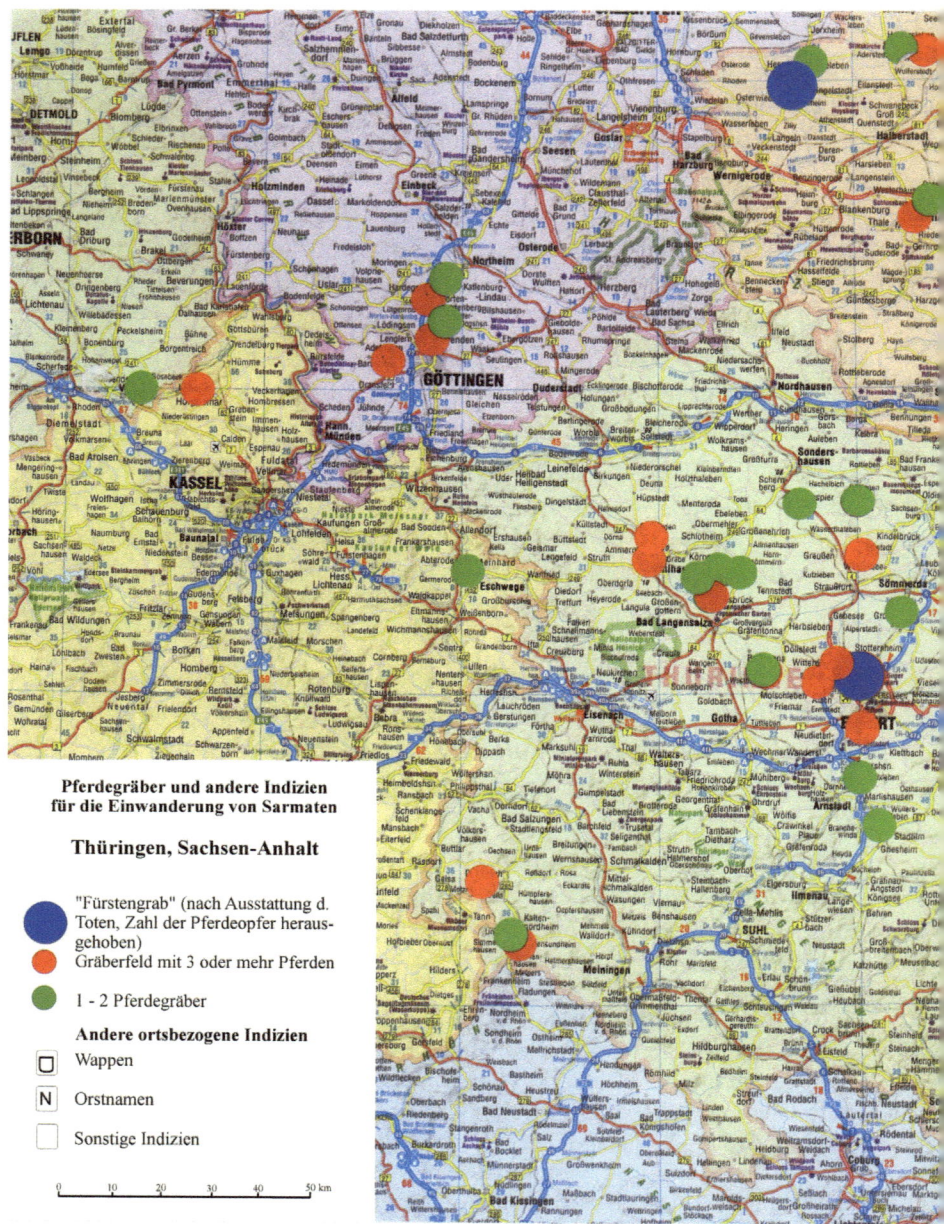

**Pferdegräber und andere Indizien
für die Einwanderung von Sarmaten**

Thüringen, Sachsen-Anhalt

"Fürstengrab" (nach Ausstattung d. Toten, Zahl der Pferdeopfer herausgehoben)

Gräberfeld mit 3 oder mehr Pferden

1 - 2 Pferdegräber

Andere ortsbezogene Indizien

Wappen

Orstnamen

Sonstige Indizien

0   10   20   30   40   50 km

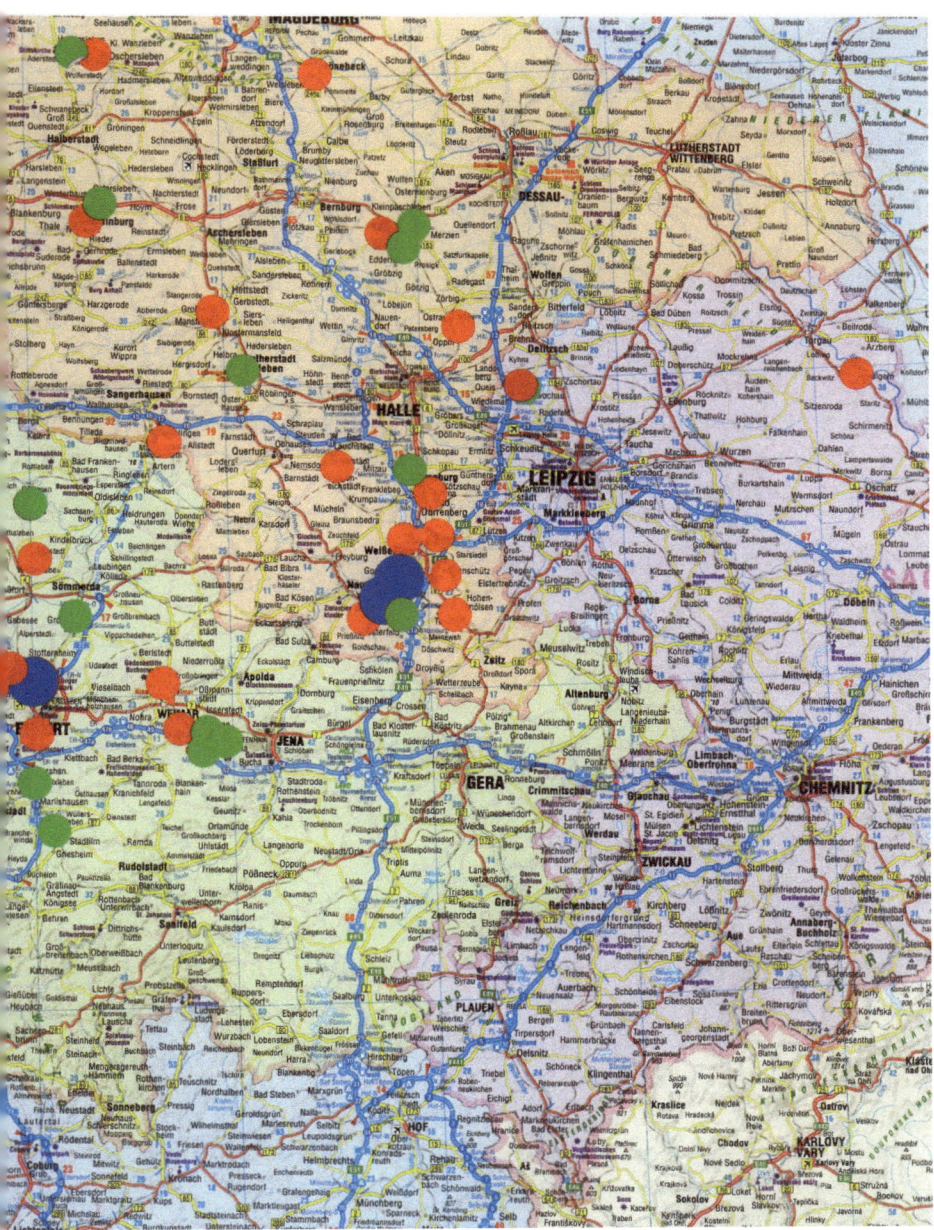

annimmt, dass es vielleicht in ganz Deutschland einst 1000 Pferdegräber gegeben hat, von denen man bis jetzt nur ein Drittel gefunden hat, sind es doch sehr wenige im Verhältnis zu den vielen tausenden von menschlichen Körpergräbern der Germanen im Frühmittelalter, die bereits geborgen wurden. Sie verteilen sich noch dazu über zwei Jahrhunderte. Auf der Karte (S. 34/35) überdeckt jedes Zeichen für ein Grab gut 20 Quadrat k i - l o meter, während es doch in Wirklichkeit nur zwei oder drei Quadrat m e t e r sind!

Sehr auffällig ist jedoch die ganz unterschiedliche r e g i o n a - l e Verteilung. Auf der hier abgebildeten Karte von Thüringen und Sachsen-Anhalt fällt das nicht so auf wie auf einer Karte von ganz Deutschland.

Pferdegräber „sarmatischer" Art finden sich im Wesentlichen:

- in einem großen Halbkreis östlich um den Harz herum (siehe dazu Genaueres im nächsten Kapitel;

- im Raum zwischen Hamburg und den nordöstlichen Niederlanden, östlich der unteren Elbe, aber nicht im damals wohl friesischen Gebiet nahe der Küste (Näheres dazu in Band **3: Widukinds Geheimnis**);
- im nordöstlichen Westfalen, westlich des Eggegebirges, bis ins südöstliche Münsterland. Hierzu mehr in Band **2: Die Westfalen und ihr weißes Ross".** Die bergigen Teile (Sauerland) sind ausgespart.
- am Niederrhein von Köln bis westlich Arnheim (Niederlande); auch hierzu wird in **Band 2** einiges erklärt;
- in einem Umkreis von ca. 60 Kilometern rund um Mainz, auf allen Ufern von Rhein, Main und Nahe. Hierzu ist im Band **1** der Reihe **„Sarmaten, Unbekannte Väter Europas",** S. 79 f. Näheres ausgeführt.

- südlich und nördlich der oberen Donau, nicht im Schwarzwald und weiter westlich, aber im Allgäu und auf der Schwäbischen Alb. Ausführliches zu dieser Region im Band **5: Die Schwaben.**

Vorkommen von Pferdegräbern in Nordfrankreich – auch dort gibt es erstaunlich viele davon, vor allem im Grab des Königs Childerich (siehe dazu den Band **Die Ahnen der Merowinger und ihr ‚fränkischer' König Chlodwig**) - wurden hier nicht berücksichtigt, weil sie von der deutschen archäologischen Forschung nie in ihre Auswertung derartiger Gräber in Listen und Karten einbezogen wurden. Ein deutscher Archäologe stellte zwar die Identität besonderer Pferdegräber von Childerichs Grab in Tournai mit mehreren Fällen in Niedersachsen und Thüringen fest, zog aber keine Schlussfolgerungen daraus. Für ihn waren es alles *„germanische Gräber"* [7].

Die in diesem Band abgedruckte Karte beruht auf einer erneuten Durchmusterung der Fundlisten und -karten deutscher Archäologen durch den Autor. Nur eine A u s w a h l von Pferdegräbern wurde hier einbezogen, da die alten Listen zumeist vor Jahrzehnten, vielfach schon im 19. Jahrhundert erstellte Grabungsberichte benutzten, die noch keinen Unterschied zwischen den Grabsitten oder der Zeitstellung machten. Daher mussten für die in diesem Band (und in den anderen Bänden der Reihe) veröffentlichten Karten relativ wenige, aber aussagekräftige Fundorte ausgewählt werden.

Andererseits konnten bei den neu erstellten Karten auch andere Indizien einbezogen werden, die auf sarmatische Spuren an einer bestimmten Örtlichkeit hindeuteten. Die Bedeutung der verschiedenen Farben der Markierungspunkte sind auf der abgedruckten

---

[7] Wilhelm Gebers, Auf dem Wege nach Walhall – Die Pferde der Altsachsen, S. 35 f. (Katalog zur Ausstellung Lohne 2004).

Karte selbst erläutert. Zu den weißen Markierungen (Wappen, Ortsnamen und sonstige Indizien) sind an passenden Stellen dieses Bandes Erklärungen zu lesen.

Gerade die neuen, vom Autor erstellten Karten Deutschlands zeigen, dass viele im Frühmittelalter von G e r m a n e n bewohnte Gegenden Mitteleuropas k e i n e Pferdegräber aufweisen, andere Regionen dafür umso mehr. Es kann sich dabei also nicht, wie oft von deutschen Archäologen behauptet, um eine von Germanen a l l g e m e i n geübte oder aus der Fremde angenommene Sitte gehandelt haben.

Das Deutlichste an diesen Feststellungen ist, dass offenbar die frühesten dieser Pferdegräber erst in der zweiten Hälfte des 5. nachchristlichen Jahrhunderts angelegt wurden, im heutigen Niedersachsen sogar erst ab der Mitte des 7. Jahrhunderts. Moderne Tests an Pferdeskeletten nach der C 14-Methode, die erst jüngst durchgeführt wurden, unter Anderem von der Veterinärmedizinerin Freiin von Babo, haben das einwandfrei nachgewiesen.

4. Das „Pferdevolk" der Thüringer

Wenn man die Karte auf S. 34/35 aufmerksam betrachtet, fällt die große Zahl an Pferdegräbern auf, die man rund um den Harz gefunden hat. Das gilt auch im Vergleich mit anderen Regionen Deutschlands, in denen solche Gräber liegen (siehe oben S. 36 f.).

Nördlich des Thüringer Waldes finden sich mehrere Schwerpunkte um Erfurt und zwischen Weimar und Jena sowie um Mühlhausen. Ein weiterer Schwerpunkt liegt südlich von Halle und Leipzig. Doch auch nördlich des Harzes hat man zahlreiche Pferdegräber gefunden. Die Archäologie war in dieser ganzen

Region sehr tüchtig und hat ihre diesbezüglichen Funde auch gut dokumentiert[8].

Um es vorsichtig auszudrücken: die Menschen, die ab der Mitte des 5. Jahrhunderts rund um den Harz lebten, müssen sehr viele Pferde besessen haben u n d sie müssen eine Religion gehabt haben, in der Pferde eine ganz besonders wichtige Rolle als O p f e r t i e r e hatten.

Das konnte n i c h t für die in dieser Zeit sonst im Raum des heutigen Deutschland ansässigen Völker gelten, die G e r m a - n e n und was sonst aus alter Zeit an Völkerresten hier übrig geblieben war. Die meisten davon wurden gerade in dieser Zeit von den Germanen wenigstens s p r a c h l i c h „überschichtet" – wie Wissenschaftler vorsichtig diesen Vorgang nennen, dessen Ablauf sie nicht genau erklären können. Doch diese bisher noch kaum erforschten Zusammenhänge in der späten römischen Kaiserzeit und im beginnenden Frühmittelalter sind nicht das Thema der in d i e s e m Band dargestellten Forschungen.

Selbstverständlich kannten auch die Germanen Pferde, aber sie waren bei ihnen relativ selten. Wohl nur reiche Bauern und Häuptlinge konnten sich ihren Besitz leisten. Als Zugtiere für den Pflug oder für Karren dienten wahrscheinlich viel häufiger die zwar langsamen, aber kräftigen Ochsen, die kastrierten männlichen Tiere der Rinder. Auch als Reittiere waren die Pferde bei den Germanen dieser Zeit (im heutigen D e u t s c h l a n d) wohl nicht besonders auf Effektivität für diesen Zweck gezüchtet, wie ein – unter den „Pferdesachverständigen" sehr seltener - historisch interessierter Fachmann festgestellt hat[9].

---

[8] U.a. Joachim Herrmann (Hrsg.), Archäologie in der Deutschen Demokratischen Republik , 2 Bände Leipzig 1989
[9] Wim Rass, Hippologische Bemerkungen zur Thidrekssaga, in DER BERNER (Zeitschrift des „Thidrekssaga-Forums e.V:") Nr. 23 (2006), S. 6 – 23

Aber wie konnte es kommen, dass bereits die erste namentliche Erwähnung des V o l k e s der „Thüringer" im Buch eines römischen Autors diese als „gute Pferdezüchter" rühmte [10] ?

Dieses Buch eines römischen Tierarztes, durch Zufall erhalten unter den zehntausenden von verloren gegangenen Manuskripten aus der Antike, ist in zweifacher Hinsicht bemerkenswert: einmal, weil in ihm erstmals der Völkername „Thüringer" vermerkt wird, aber zweitens eben auch wegen seiner sehr frühen Erwähnung von Pferdezucht bei den Germanen.

Zur vermuteten Entstehung des „Volks" der Thüringer wird im nächsten Kapitel Genaueres ausgeführt. In den Jahren um 387 – das dürfte die Zeit sein, aus der dem Spezialisten Vegetius eine Information über die Pferdezucht der Thüringer zuging – hatte es jedoch die massive Einwanderung sarmatischer Pferdehirten nach Thüringen noch längst nicht gegeben. Doch immerhin lebten da wenige tausend Sarmaten aus dem Draco der „Sicambrier" als Flüchtlinge in Thüringen.

Sie hatten sicherlich ihre guten Pferde und die Kunst, solche zu züchten, mitgebracht. Vermutlich war die Abgabe einer bestimmten Zahl ihrer Pferde an die Häuptlinge der (germanischen) Thüringer Teil der Verpflichtung der Leute vom Draco der „Sicambrier" gegenüber diesen Herren, die ihnen erlaubt hatten, in Thüringen zu leben. Genaueres dazu ist im **Band 6: Die Ahnen der Merowinger und ihr „fränkischer" König Chlodwig** nachzulesen. Die von den Sarmaten den Thüringern gelieferten Pferde waren jedoch offenbar so gut, dass ihr Ruhm sich sehr schnell bis ins Römische Reich verbreitete. Nach außen hin galten diese Pferde natürlich als „thüringer Zucht".

---

[10]   Vegetius Venantius, Artis mulomedicinae (ein Art Lehrbuch für Pferdeheilkunde, verfasst um 390 n. Chr.)

Gut 60 Jahre später vollzog sich dann der oben beschriebene Zug einer größeren Anzahl von Sarmaten aus dem Stamm der Roxolanen nach Thüringen. Vermutlich verfügte jede Schwurgemeinschaft über eigene Herden von Rindern, Schafen und eben auch Pferden, die letzteren wahrscheinlich mehr als die menschlichen Eigentümer Köpfe zählten.

Die folgende Information greift wahrscheinlich schon ein oder zwei Generationen über diese Einwanderung hinaus. Sie ist auch nur aus einer sehr versteckten Quelle zu entnehmen, aber exakt passend gerade zum Thema „Thüringer und Pferde".

In mehreren Bänden dieser Buchreihe hat der Autor die „Thidrekssaga" erwähnt, aus der kleine, aber interessante Details über die historische Einwanderung von Sarmaten in das nördliche Deutschland zu entnehmen sind. Dieser Text in altnordischer (altnorwegischer) Sprache enthält eine Sammlung historischer „Sagen" aus dem Frühmittelalter und zwar aus M i t t e l e u r o p a. In manchen „Kernen" dieser Sagen sind reale historische Vorgänge aus dem 5. Jahrhundert n.Chr. und später darin verborgen. Dazu gehört auch eine „Story" aus dem bekannten Nibelungen-Thema, nämlich wie Siegfried erstmals zu Brunhild kommt.

Der junge Mann erscheint, so heißt es in der Sage, bei der „Burg" der jungen Frau Brunhild – ihre Eltern scheinen früh verstorben zu sein – und fordert ungestüm von ihr den berühmten Hengst „Schimmling", der in ihrer „Pferdezucht-Station" steht. Nach einer (in der Sage nur angedeuteten) Liebesnacht bekommt er ihn auch. Die weiteren Ereignisse haben nun nichts mehr mit dem Pferd zu tun.

Aber wichtig ist der Ort, wo Brunhild wohnt. Legt man die Andeutungen im nordischen Text der Sage richtig aus, dann kann man die spätere „Hohseeburg" bei Eisleben am „Süßen See", östlich des Harzes darin erkennen [11] Und erstaunlich: ganz in der Nähe haben Archäologen auch mehrere Pferdegräber von Sarmaten entdeckt ! Dort muss also wenigstens für einige Generationen der Sitz eines sarmatischen Adligen und seiner Familie gewesen sein. Und vielleicht hatte dieser Adlige auf einer Insel im „Süßen See" die Zucht der besonders wertvollen Schimmel betrieben !?

Diese Zusammenhänge bilden eine der vielen Indizienketten, mit deren Hilfe sich das Bild von der Einwanderung von Sarmaten nach Deutschland im frühen Mittelalter im Laufe einer langen Forschung geformt hat.

5. Ein neuer Stamm entsteht

Bevor die „Thüringer" näher beschrieben werden, zu denen die sarmatischen Einwanderer kamen, ist es zweckmäßig, sich darüber klar zu werden, wie viele – oder viel richtiger: wie w e n i g e - Menschen etwa dazu gehört hatten. Denn die Bevölkerungsdichte war im „freien Germanien" damals sehr gering. Rechnet man die Fläche der gesamten heutigen Bundesländer Thüringen und Sachsen-Anhalt zusammen, dann kommt man auf etwa 36 000 Quadratkilometer mit einer h e u t i g e n Einwohnerzahl von gut 4,5 Millionen.

Vor 1500 Jahren gab es in Mitteleuropa jedoch nur etwa 2 – 4 Menschen auf dem Quadratkilometer – - im Durchschnitt! In manchen fruchtbaren und nicht besonders dicht bewaldeten Regionen mögen es etwas mehr gewesen sein, in anderen, vor allem im sümpfreichen Norddeutschland, weniger. Für die Region rund um den Harz, die damals durchaus als siedlungsfreundlich gelten konnte, wird man also eine Gesamtbevölkerung von

---

[11] Helmut Rudloff, Brunhilds Burg am Süßen See ? in: DER BERNER Nr. 59 (Febr. 2015), S. 25 - 34

höchstens 70 000 bis 150 000 Menschen annehmen können. Die bewaldeten Höhen des Harzes und des Thüringer Waldes selbst dürften damals aber noch praktisch menschenleer gewesen sein.

Im 19. Jahrhundert hätte man die Menschen, die da in der Mitte des heutigen Deutschland zu einer neuen Gemeinschaft zusammenwuchsen, ohne weiteres als „Volk" bezeichnet. Heute sind Historiker und Ethnologen vorsichtiger, sie würden das, was da entstand, eher als „Stamm" charakterisieren.

Die römischen Historiker und Geographen der frühen Kaiserzeit kannten noch keine Thüringer, sondern Hermunduren. Schon diese Germanen waren offenbar aus zwei verschiedenen sprachlichen und kulturellen Bestandteilen zusammen gewachsen, den Hermionen und den (wahrscheinlich n i c h t germanischen) Duren. Erst der schon erwähnte römische Tierarzt Vegetius hat um das Jahr 390 erstmals den Namen „Thüringer" überliefert. Woher dieser Name stammt – von den „Duren" ?? – und wann er aufgekommen ist, weiß bisher niemand zu sagen.

Die geographische Lage in der Mitte Mitteleuropas führte offenbar manche Splitter größerer Menschengruppen leicht in die damals bereits fruchtbare Gegend. Friesen, Sueben, Sachsen, Hessen, Warnen und Angeln scheinen irgendwann - wahrscheinlich stets nur in kleineren Gruppen – dorthin geströmt zu sein, wenn man spätere Gaunamen der Region und andere Anzeichen dort aufmerksam betrachtet. Das kann allerdings teilweise Jahrhunderte n a c h der in diesem Buch behandelten Einwanderung von Sarmaten geschehen sein.

Immerhin, schon vor dieser Einwanderung hatte sich in Mitteldeutschland durchaus eine gewisse einheitliche „Kultur" entwickelt. Mit diesem etwas missverständlichen Wort benennt die Wissenschaft der Archäologie Überreste von „vorgeschichtlichen" Menschen, die sich durch gewisse Gemeinsamkeiten, etwa

43

bei dem aufgefundenen Tongeschirr, bei Tracht, Waffen, Schmuck usw. von anderen „Kulturen" der gleichen Zeit unterscheiden. Hier dient das Wort als Ersatz für die Begriffe „Volk" oder „Stamm", die die Geschichtswissenschaft erst Menschengruppen in „historischer" Zeit zuerkennt, aus der es schriftliche Quellen gibt.

Für die Thüringer setzt diese Zeit ihrer „Geschichtlichkeit" erst mit ihrer ersten Erwähnung im Buch eines Römers ein (siehe dazu S. 40), doch hatte diese „Geschichte" auch danach noch riesige Lücken.

Aus zahlreichen Indizien – allerdings kaum aus „geschriebener Geschichte" – lässt sich entnehmen, dass kurz vor oder kurz nach dem Jahr 400 n. Chr. eine größere Gruppe thüringischer Krieger als Söldner in den Dienst des Römischen Reiches getreten ist. Bereits unter dem Namen „Thüringer" müssen sie am Rhein-„Limes", den römischen Kastellen längs des westlichen Ufers des Niederrheins, Dienst getan haben, wie stets begleitet von ihren Familien und ihrem Gesinde. Sie waren von der römischen Militärverwaltung angeworben worden, als alle regulären Militäreinheiten zur Verteidigung der Hauptstadt Rom aus fast dem ganzen weströmischen Reich abgezogen worden waren.

Archäologische Funde in der heutigen Großstadt Duisburg am Rhein (damals noch l i n k s rheinisch !) haben „thüringische Töpferware" im dortigen römischen Militärkastell aufgespürt. Später scheinen diese Soldaten aus Thüringen weiter westlich, im heutigen Belgien, den dorthin zurück verlegten „Limes" verteidigt und dort nach dem Brauch der Zeit ein winziges, mit Rom verbündetes „Königreich" gebildet zu haben. Einige deutsche Historiker haben sich allerdings viel Mühe gegeben, diesen „thüringischen Ableger" im Westen als „nicht existent" nachzuweisen, mit der üblichen Nichtachtung aller Indizien außerhalb der

„geschriebenen Quellen." Doch das ist nicht das Thema dieses Buches.

Wie weit thüringische „Häuptlinge" – oder bereits „Könige" ? – in der ersten Hälfte des 5. Jahrhunderts Macht über größere Teile dieser Region hatten, lässt sich nicht feststellen. Doch wenn man von den aus Indizien erschlossenen Zuständen gut 60 Jahren v o r der Einwanderung sarmatischer Adliger ausgeht, dann waren sich die (germanischen) Herren in Thüringen durchaus ihres Wertes und ihrer Macht bewusst und konnten sie auch ausüben. Ob allerdings eine großräumige Macht über das ganze Gebiet des späteren „Königreichs Thüringen" vorhanden war, ist eher zu bezweifeln.

Welche Indizien die Zustände um das Jahr 390 in Thüringen zumindest ahnen lassen, wird in einem der besonders spannenden Kapitel des Buches **Die Ahnen der Merowinger und ihr „Franken"-König Chlodwig** dargestellt. Es handelt sich dabei um eine der so aufschlussreichen Episoden der sogenannten „Fränkischen Wanderungssage", die der Geschichtswissenschaft seit eh und je bekannt ist, aber von ihr nie beachtet wurde.

Als die Hunnen nach Ost- und sogar Mitteleuropa kamen - etwa ab dem Jahr 410 – senkte sich wieder das „Dunkel der Vorgeschichte" über das heutige Deutschland und damit auch Thüringen. Unter deutschen Historikern herrscht bis jetzt ziemlich einmütig die Überzeugung, dass dieses turk-mongolische Eroberervolk bis zum Ende Attilas im Jahr 453 in Thüringen „das Sagen hatte". Angeblich hätten Thüringer in der großen Hunnenschlacht auf den „Katalaunischen Feldern" Attila helfen müssen.

Was man sich konkret darunter vorzustellen hat, wird nie gesagt, also auch nicht, ob die Häuptlinge in Thüringen (germanischer Herkunft) den Hunnen Lebensmittel und anderes liefern und Krieger für die hunnischen Feldzüge stellen mussten, genau so wie die Sarmaten und die Germanen in Pannonien und darüber hinaus. In Wirklichkeit gibt es dafür eigentlich überhaupt keine Belege.

6. Irreführende Überzeugungen

Allerdings behauptet wenigstens eine Mehrheit unter den deutschen Archäologen und Historikern, es gebe einen „Beweis" für die Hunnen in Thüringen. Das sind die „deformierten Schädel", die man in Mitteldeutschland gefunden hat und die aus dem 5. Jahrhundert n. Chr. stammen sollen.

Es war eine unseren heutigen Schönheitsidealen sehr widersprechende Mode, die in den Jahrhunderten nach der Zeitenwende bei bestimmten Menschengruppen im Osten Russlands geherrscht haben muss. Neugeborenen Babies – und zwar meistens bei Mädchen – wurde der Schädel mit Binden so straff eingewickelt, dass die in jungen Jahren noch formbaren Knochen einen steilen „Hinterhauptsschädel" ausbildeten.

In manchen Adelsgräbern in Thüringen waren Frauen beigesetzt worden, die diese absichtliche Verformung aufwiesen. Eine große Zahl deutscher Archäologen und Historiker hat daraus geschlossen, hier habe man den Beweis für den großen Einfluss der Hunnen auf diese Region [12]. *„Die Sitte der Schädeldeformation war bei den Thüringern wohl ausschließlich auf Frauen beschränkt",* erklärte der Archäologe Huck. Einige dieser Schädel wiesen nach jüngsten anthropologischen Untersuchungen mongolide Formen

---

[12] So jüngst noch Thomas Huck, Thüringer und Hunnen, S. 328, im Katalog „Attila und die Hunnen" zur entsprechenden Ausstellung Speyer 2007.

auf. Wenn das kein eindeutiger Beweis für „Hunnen in Thüringen" war !?

Doch die Karte auf S. 48 zu dieser „Mode" und zu ihrer Verbreitung in Ost- und in Mitteleuropa zwischen dem 3. und 6. Jahrhundert n. Chr. macht ein ganz anderes Bild sichtbar. Sie stammt aus einem Aufsatz des t h ü r i n g e r Archäologen und Historikers Berthold Schmidt und beruht auf Unterlagen, die zum Teil lange bekannt sind [13]. Ein genauer Blick darauf erspart lange schriftliche Erklärungen. Daraus wird nämlich deutlich:

- Die „Mode" der Schädeldeformation ist viel älter als das Auftreten der Hunnen in Osteuropa. Diese kamen erst ab dem Jahr 375 in die Gebiete westlich des Ural. Doch aus viel früherer Zeit wurden in dieser Gegend bereits zahlreiche entsprechend präparierte Schädel gefunden; der Archäologe Schmidt nennt sie „spät s a r m a t i s c h" !

- Nach dem Einbruch der Hunnen nach Osteuropa in der ersten Hälfte des 5. Jahrhunderts finden sich deformierte Schädel vor allem dort, wohin A l a n e n (ursprünglich ein sarmatischer Stamm) und S a r m a t e n vor den Hunnen geflüchtet waren, bzw. lebten, nämlich im Nordkaukasus (siehe in diesem Buch S. 12) und im heutigen Ungarn. In der Landkarte sind die entsprechenden Zeichen als „Attila-Zeit" benannt.
- Aus der „Nach-Hunnen-Zeit" (2. Hälfte 5. sowie 6. Jahrhundert) gibt es Funde von deformierten Schädeln fast nur noch dort, wohin S a r m a t e n ausgewandert waren. Die Regionen entsprechen mit verblüffender Deutlichkeit denen, in denen es auch sarmatische Pferdegräber gibt, allerdings nicht in allen. Hier fallen nur auf: Thüringen, Schwaben, das Rhein-Main-Gebiet rund um Mainz, sowie ein Gebiet an der oberen

---

[13]   Berthold Schmidt, Hermunduren – Angeln – Warnen – Thüringer - Franken – Sachsen, in: Studien zur Sachsenforschung 9 (1999), S. 359,

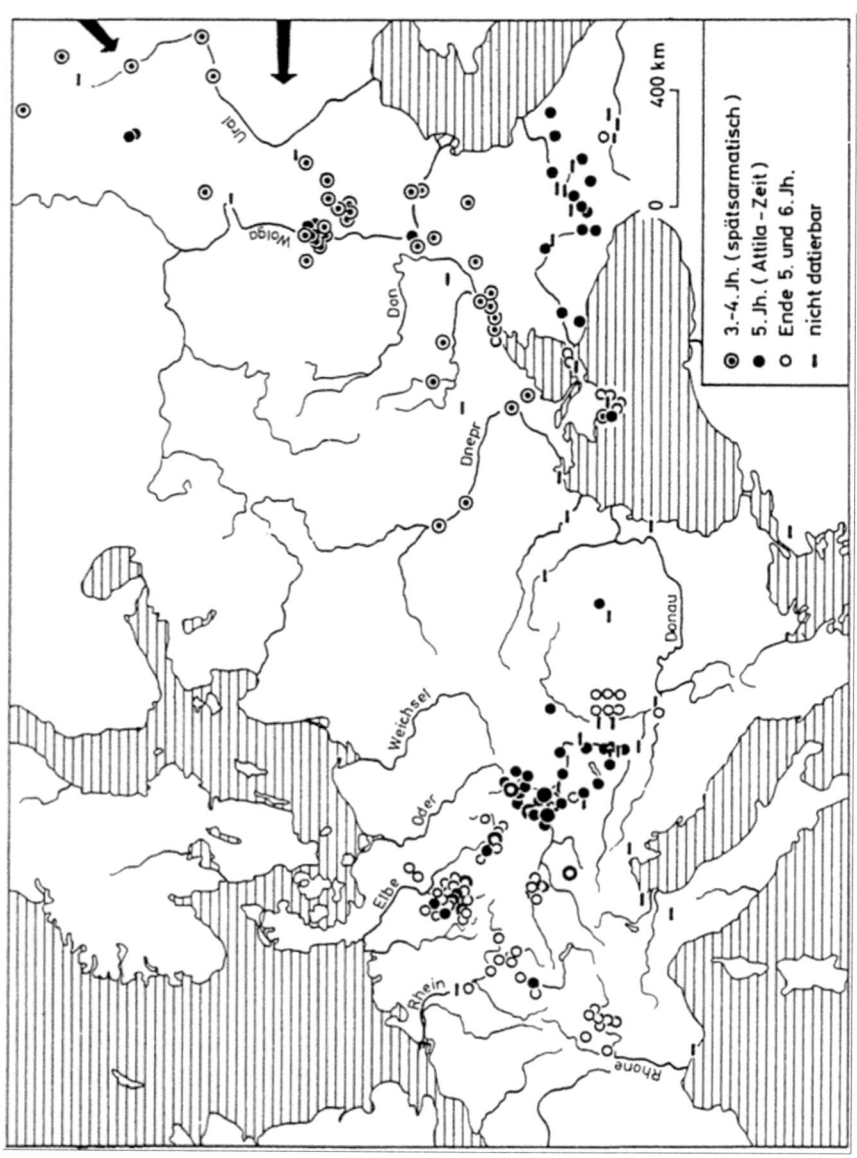

Rhone. Dort, im Südosten Frankreichs, war in der Spätantike eine größere Gruppe von A l a n e n stationiert, wie sich auch aus Ortsnamen erschließen lässt.

Wenn man diese mit viel Mühe zusammengetragenen Zeichen auf der Karte von Berthold Schmidt unvoreingenommen betrachtet, bleibt nur e i n Schluss übrig: Die Sitte der Schädeldeformation war überhaupt kein h u n n i s c h e r Brauch, sondern einer der S a r m a t e n.

Dabei kann es durchaus sein, dass in der relativ langen Zeit einer engen Nachbarschaft von Sarmaten und Hunnen in der ungarischen Puszta auch Leute aus dem letzteren Volk die Mode der Schädeldeformation übernahmen.

Die Karte macht bei genauer Betrachtung auch deutlich, dass in Böhmen (Oberlauf der Elbe) in der „N a c h –Attila-Zeit" ein Volksstamm ansässig war, der die Mode mit den verformten Schädel für eine Zeitlang übernommen hat. Vielleicht waren es die germanischen Langobarden, die damals dort ihre Wohnsitze hatten. Aber gerade diese Auswertung von hunderten archäologischer Fundstellen lässt keinen Zweifel daran, dass die Menschen, die zeitweise die Schädel ihrer Neugeborenen bewusst verformen ließen, im Wesentlichen S a r m a t e n und nicht Hunnen waren.

Doch im Hauptstrang der historischen Fachliteratur (einschließlich von Lexika und Wikipedia) bleiben die „hunnischen Schädel" das „Beweismittel Nr. 1" für den tiefen Einfluss der Hunnen auf Thüringen.

Im Übrigen bestätigt die Karte die schon aus etlichen anderen Indizien gewonnene Überzeugung, dass die verschiedenen Stämme der Sarmaten auch in manchen Eigenarten der Tracht und der Lebensweise sich von einander unterschieden. Die J a - z y g e n , die in verschiedene Gegenden Europas und auch

Deutschlands auswanderten, scheinen diesen Brauch jedenfalls nicht mitgemacht zu haben.

7. Die neuen Herren in Thüringen

Es ist eine bedauerliche Tatsache, dass die meisten Informationen, die Archäologen über vergangene Völker und Kulturen aus der Erde graben, nur aus Gräbern stammen. Moderne Techniken zur Ermittlung der Ursprungszeit (z. B. die C 14-Methode) können stets nur u n g e f ä h r e Zeiten z.b. des Lebens eines feierlich beigesetzten Menschen (oder Pferdes !) ermitteln.

Doch es muss etwas bedeuten, dass die Wissenschaft der Archäologie sowohl die frühesten Pferdegräber in Thüringen wie auch die frühesten Funde von absichtlich deformierten Schädeln nicht v o r der Mitte des 5. nachchristlichen Jahrhunderts ansetzt. Nachweislich waren die Hunnen aber bereits ab dem Jahr 455 praktisch spurlos aus Europa verschwunden.

Der schon erwähnte Archäologe und Historiker Berthold Schmidt aus Thüringen hat für seinen Aufsatz „Hermunduren, Angeln, Warnen, Thüringer, Franken, Sachsen" [14] eine Karte von Mitteldeutschland zusammenstellen lassen, die er „Fundplätze zwischen **450** und 600" genannt hat. Mit der darin vorgenommenen Staffelung der Fundplätze mit einem, zwei oder drei, vier oder mehr Pferdegräbern entspricht sie der Landkarte auf den Seiten 34/35 in diesem Buch. Sie zeigt aber darüber hinaus noch deutlicher die dichte Besiedlung der Landschaft in dieser Zeit, da noch zahlreiche andere Fundplätze (Siedlungen, Einzelgräber usw.) eingetragen sind. Mit dem Jahr 450 scheint auch eine gängige Meinung in der Geschichtsforschung den Beginn des „thü-

---

[14] Studien zur Sachsenforschung 9 (1999)

ringischen Königreichs" anzusetzen, doch dürfte das um ein paar Jahre zu früh sein.

Wie oben schon erwähnt, müssen die sarmatischen Einwanderer aus dem Stamm der Roxolanen in ziemlicher Stärke nach Thüringen gekommen sein. Doch sie kamen nicht wie die Hunnen mit blutiger Plünderung und Brandschatzen der Dörfer der Einheimischen, sondern recht friedlich, und sie ließen sich meist wohl dort nieder, wo noch Platz zwischen den Dörfern der Bauern war. Angesichts der niedrigen Zahl der Bewohner muss es selbst im für damalige Zeiten „dicht" besiedelten Thüringen noch genügend Raum dafür gegeben haben.

Es lässt sich denken, dass die thüringischen Bauern und vor allem ihre Häuptlinge nicht begeistert über ihre neuen Nachbarn waren, sogar, dass es zuerst zu bewaffneten Plänkeleien gekommen sein dürfte. Doch die sarmatischen Reiter mit ihren zahlreichen Pferden und ihren drohenden Lanzen werden sich wohl bald Respekt verschafft haben, auch ohne dass sie „hunnische Methoden" dabei einsetzen mussten. Der von den Einwanderern angebotene friedliche Tausch von Überschüssen der verschiedenen Formen der Nahrungserzeugung war wohl bald auch für die einheimischen Thüringer ziemlich verlockend.

Wie offenbar auch alle anderen sarmatischen Adligen, die sich in dieser Zeit in allen möglichen Gegend Europas zu Herren fremder Bauern machten, haben wohl auch in Thüringen die kleinen Gruppen der Roxolanen bald die Sprache ihrer Bauern gelernt und angewendet und die eigene Sprache allmählich vergessen.

Nach den Feststellungen der Archäologie gab es bei dieser Ansiedlung sarmatischer Zuwanderer rund um den Harz mehrere Schwerpunkte. Sie lassen sich auch auf der Karte auf S. 34/35 deutlich ausmachen. Vor allem die sogenannten „Fürstengräber" sprechen dafür. Dieser Name stammt nicht vom Autor dieses Buches, sondern von den Archäologen der Region, die schon vor Jahrzehnten einige besonders reich ausgestattete Körpergräber - mit Pferdegräbern in der Nähe ! –so benannt haben.

Einer der Fürsten scheint auch sehr bald den Schritt zur Annahme des Titels König gemacht zu haben (siehe dazu das nächste Kapitel). Und wenige Jahre später haben sich wohl die Thüringer bereits auf einen Raubzug nach Süden begeben, der sie bis nach Passau an die Donau führte. Dies berichtete jedenfalls der christliche Geistliche Eugippius, der Jahrzehnte danach einen Bericht über das Leben des heiligen Severin verfasst hat, einen Missionar des Christentums, der an der damals noch zum römischen Reich gehörenden Donau in Österreich gelebt und viel Gutes bewirkt hat. Dieser Einfall nach Passau muss sich etwa um das Jahr 470 zugetragen haben [15].

Ob das Auftauchen der Thüringer in der Grenzfestung Passau wirklich so furchterregend war, wie es Eugippius geschildert hat, ist nicht sicher; er war auf keinen Fall selbst dabei und hat möglicherweise nur das Vorurteil aller gebildeten Römer über die „Barbaren von jenseits der Grenze" auf die Thüringer angewendet. Lange scheinen sich Krieger dieses Volkes auch nicht so weit südlich von ihrer neuen Heimat aufgehalten zu haben. Immerhin liefert diese Schriftquelle auch den Historikern einen winzigen Blick auf die Existenz eines thüringischen Königs in der zweiten Hälfte des 5. Jahrhunderts.

---

[15] Eugippius, Das Leben des Hl. Severin, neu herausgegeben und übersetzt von Alexander Heine 1986

8. Im Exil oder ein Bote ?

„Gelernte" Historiker werden das, was in diesem Kapitel weiter unten dargestellt wird, für die phantasievolle Erfindung eines Romanschriftstellers halten. Denn die historischen Vorgänge, um die es hier geht, „kennt" man doch aus dem Buch des frühmittelalterlichen Historikers Gregor von Tours. Dort wird das, was sich etwa um 460 n. Chr. in Thüringen abspielte, völlig anders erzählt, und dem muss man doch glauben ...

Der fromme christliche Bischof Gregor, der mehr als hundert Jahren nach den Ereignissen im frühen Frankenreich diese aus seiner Sicht beschrieb - soweit er sie überhaupt erfahren hat ! – erzählt, der fränkische König Childerich im nördlichsten Gallien sei wegen seiner ausschweifenden Lebensart von seinem Volk gezwungen worden, ins Exil zu gehen. Acht Jahre lang habe er bei den Thüringern gelebt. Nach seiner Rückkehr an die Schelde sei ihm die thüringische Königin Basina nachgereist, um Childerich zu heiraten. Sie wurde die Mutter des berühmten Königs Chlodwig [16].

Der bekannte Kenner der fränkischen Geschichte Eugen Ewig hat die Story Gregors für eine „Legende" erklärt [17]. Doch sonst ist diese Erzählung Gregors offenbar nie näher durchdacht und auf ihren möglichen Wahrheitsgehalt überprüft worden. Auch historische Schlussfolgerungen für den familiären Zusammenhang der Merowinger mit dem Thüringer Königshaus hat man nie gezo-

---

[16]   Gregor von Tours, Fränkische Geschichte, Buch II, Kap. 23; Essen-Stuttgart 1988 (Reihe Historiker des Mittelalters), übersetzt von W. v. Giesebrecht, neu bearbeitet von Manfred Gebauer.
[17]   Eugen Ewig, Die Franken und Rom, in: Rheinische Vierteljahresblätter, Jg. 71, (2006), S. 14

gen. Childerich war einer der frühen Könige aus der Dynastie der Merowinger.

Erstaunlicherweise gibt es noch eine etwas anders lautende „Legende" aus dem Frühmittelalter hierzu. Der Mönch Fredegar – er schrieb im 7. Jahrhundert – erzählt zwar auch die Geschichte vom Exil Childerichs bei den Thüringern, aber berichtet noch, ein Vertrauter des Königs Childerich, ein gewisser Wiomad, sei ihm ins Exil nachgereist und habe ihn zur Rückkehr bewegt.

Als sorgfältiger Forscher sollte man sich fragen, woher die beiden Historiker damals ihre Informationen bezogen haben könnten, ehe man solche Behauptungen unbesehen glaubt. Als Mitglieder des christlichen Klerus gehörten beide Autoren zu der winzigen Minderheit in ihrem Land, die damals lesen und schreiben konnten. Sie m ü s s e n aber ihr Wissen aus mündlichen Erzählungen geschöpft haben, und da dürfte sich nach 100 oder 200 Jahren Einiges verwischt oder verschoben haben.

Vielleicht ist sogar um das Jahr 460 b e w u s s t eine verfälschte Version der Wahrheit in die Welt gesetzt worden, um weitererzählt zu werden. Im Buch **Die Ahnen der Merowinger und ihr „fränkischer" König Chlodwig** wird diese Frage genauer untersucht. Denn dort, in die Vorgeschichte der Merowinger, gehört die historisch durchaus interessante Frage in Wirklichkeit hinein.

Hier nun also eine Auslegung der „Exil-Geschichte" durch einen Historiker, gewissermaßen durch die „Thüringer Brille" gesehen.

Man darf als sicher unterstellen, dass der „fränkische König" Childerich – in Wahrheit ein Fürst aus dem s a r m a t i s c h e n Stamm der Roxolanen – sehr bald von der Einwanderung von Dracones aus seinem alten Stamm nach Thüringen gehört hatte.

Auch zwischen den Resten des Weströmischen Reichs im Norden Galliens und der Mitte Germaniens funktionierten die Nachrichtenverbindungen durch Kaufleute zu jener Zeit noch gut. Wahrscheinlich wusste Childerich auch, dass er mit einem der neuen Herren in Thüringen verwandt war, wenn auch vermutlich sehr weitläufig.

Diese Verwandtschaft war wohl der „Aufhänger" für Childerich, durch einen Boten dem Fürsten Bisin einen interessanten Vorschlag zu übermitteln. Durch seinen Vertrauten Wiomad – übrigens keinesfalls ein germanischer, sondern eher ein sarmatischer Name ! – ließ Childerich seinem „Vetter" ausrichten, er solle sich doch in seinem neuen Land Thüringen zum König ausrufen lassen. Und darüber hinaus erbat er von Bisin dessen junge S c h w e s t e r Basina zur Ehefrau.

Den Adligen Bisin dürfte ein solcher Vorschlag natürlich geschmeichelt haben. Vielleicht kostete es noch einige Überredungskünste, bis auch seine adligen Standesgenossen davon überzeugt waren, nur Bisin könne der neue König in Thüringen sein, aber im Prinzip standen dieser Standeserhöhung keine unüberwindlichen Hindernisse entgegen. Die Verschwägerung mit einem anderen Königshaus war dann eine willkommene Dreingabe. Dass es einen thüringischen König Bisin gegeben hat, steht historisch fest. Archäologen haben in Thüringen einen goldenen Teller gefunden, in den dieser Name eingeritzt war.

Dieser Vorschlag und die damit zusammenhängende Bitte waren keineswegs völlig selbstlos gemacht, sondern hatten sehr eigensüchtige Gründe für Childerich. In Nachfolge seines Vaters Merowech nannte er sich König, weil er längst keinem römischen Kaiser mehr einen Gefolgschaftseid hatte schwören müssen. Aber noch hatte er keine passende Gemahlin gefunden, die natürlich ebenfalls aus königlichem Geblüt stammen musste. Doch mit den einzigen Königen in der Nähe war er zutiefst verfeindet: den

Westgoten in Südwestfrankreich und den Burgundern in Südostfrankreich. Aus deren Königsfamilien konnte er keine Prinzessin
zur Frau nehmen. Warum aber nicht aus einer Adelsfamilie im
fernen Thüringen, mit der er ja ohnehin entfernt verwandt war ?
Allerdings musste diese Familie erst einmal selbst den Königstitel
annehmen. Später spielte es dann keine Rolle mehr, wie alt dieser
Titel war.

So betrachtet, passt dieser Vorschlag haargenau in die Zeit und
in das Denken der Menschen und vor allem der Angehörigen der
Merowinger-Sippe am Ende der Antike in Gallien. Auch das bewusste Ausstreuen einer „Legende" – über das angebliche Exil
des Königs in Thüringen, und dass ihm die dortige Königin (!)
nachgereist sei – gewinnt an Wahrscheinlichkeit, denn die Wahrheit konnte man den Menschen unter der Herrschaft des Königs
Childerich natürlich nicht erzählen.

Jedenfalls ist ein solcher Zusammenhang sehr viel plausibler als
die von den christlichen Historikern viel später aufgeschnappte
bruchstückhafte und wahrscheinlich bewusst verfälschte Darstel-
lung.

9. Wappen reden

Die Heraldik oder Wappenkunst gilt als eine der „historischen
Hilfswissenschaften", die ein Geschichtsforscher heranziehen
kann, wenn er daran denkt und es für nötig hält.

Wenn man im Internet-Lexikon Wikipedia nach der Geschichte
des „Königreichs Thüringen" sucht, bekommt man einige Sätze
zu lesen; über ihren Inhalt berichten die Kapitel dieses Buches
allerdings erheblich ausführlicher. Aber auch ein angebliches
Wappen dieses Königreichs ist abgebildet, das ein Wappenmaler

56

im Jahr 1542 farbig auf Papier gebracht haben soll. Es zeigt auf einem dunkelblauen Untergrund sechs stilisierte goldene Lilien.

„Angeblich" musste hier eingefügt werden, denn zur historischen Zeit dieses Königreichs im 5. und 6. Jahrhundert kannte man nun einmal noch keine Wappen als Unterscheidungszeichen für einzelne Ritterfamilien und später Landesherrschaften, Städte usw., im Jahr 1542 aber sehr wohl. Und die Regeln für diese Wappen waren streng: für den Kundigen deuteten sie unter anderem auch Verwandtschaften zwischen Familien an, und „Schummeln" war dabei nicht erlaubt.

Woher wusste aber der Wappenmaler des Jahres 1542, dass die Familie der Könige von Thüringen aus dem Frühmittelalter mit der französischen Königsfamilie der Bourbonen verwandt war ? Denn beider Wappen waren identisch ! Dabei kam die Familie der Bourbonen erst im Jahr 1589 auf den französischen Thron, aber sie hatte davor schon lange als Herzöge erheblichen Einfluss auf die französische Politik, und natürlich auch ein eigenes Wappen, eben die goldenen Lilien auf dunkelblauem Grund.

Nun muss man wissen, dass die uralte Adelsfamilie der Bourbonen geltend machte, sie habe die Familie der Kapetinger zu Vorfahren, die einst im 10. Jahrhundert die Herrscher des West-Frankenreichs aus dem Haus Karls des Großen, die Karolinger, abgelöst hatte. Und diese Kapetinger wiederum hatten darauf bestanden, das Blut der Merowinger-Könige in ihren Adern zu haben, jener sagenumwobenen Dynastie, die das Frankenreich im 5. Jahrhundert erst begründet hatte und deren Familienmitglieder als „wundertätig" galten. Näheres dazu im Buch **Die Ahnen der Merowinger und ihr „fränkischer" König Chlodwig.**

Für die Historiker des Mittelalters stand damit fest, dass die Bourbonen „das Blut der Merowinger" auch in i h r e n Adern hatten, und das galt dann auch für die Heraldiker, die diese Verwandtschaften in bunten Bildern sichtbar machten. Derart behauptete (und vielleicht in Form von Wappen „nachgewiesene") Erbansprüche zählten in den mittelalterlichen Reichen Europas sehr viel, auch wenn natürlich die „Realpolitik" mit ihren Kriegen oft ganz andere Lösungen herbeiführte.

Wer außer diesen Behauptungen einen „naturwissenschaftlichen Beweis" haben möchte, dem kann auch dieser geliefert werden. Die noch sehr neue Wissenschaft der Humangenetik hat unter anderem erst vor wenigen Jahrzehnten in den menschlichen Zellen die Spuren entdeckt, die bei jedem Mann mit denen bei seinen m ä n n l i c h e n Vorfahren in väterlicher Linie bis vor mehreren zehntausend Jahren identisch sind (entsprechend bei Frauen bei ihren mütterlichen, weiblichen Vorfahren).

Blutreste des während der französischen Revolution hingerichteten Königs Ludwig XVI. aus der Familie der Bourbonen haben sich irgendwie bis heute erhalten und sind kürzlich in dieser Hinsicht untersucht worden. Dabei hat man festgestellt, dass er einer „Haplogruppe" angehört hat, die bei den Männern der Merowingersippe und deren sarmatischen Vorfahren ebenfalls typisch war. Diese „Haplogruppen" sind „Marker" in den Genen jedes Menschen, die ihn unverwechselbar mit ihrem Vorvater (bzw. Vormutter) vor Jahrtausenden verbinden. Im Einzelnen ist dieses Verfahren zu kompliziert, um hier erklärt zu werden

Dem Wappenmaler in Thüringen vom Jahr 1542 muss noch bewusst gewesen sein, dass es irgendeinen verwandtschaftlichen Zusammenhang zwischen der thüringischen Königsfamilie im 6. Jahrhundert und den gleichzeitigen „fränkischen" Königen aus der Dynastie der Merowinger in Gallien gegeben hatte. Er übersetzte das in die Bildersprache der Heraldik aus dem 16. Jahrhundert.

58

Doch gibt es irgend eine Möglichkeit, auf die E n t s t e h u n g dieses Wappenbildes in der historischen R e a l i t ä t zurück zu schließen ? Das ist durchaus möglich, erfordert aber einige Erklärungen, die weit in die Geschichte zurück führen müssen.

Auf S. 19 dieses Buches war schon die Rede von den Wollmänteln, die sarmatische Adlige über ihren eisernen Rüstungen im Kampf trugen. Die Webmuster auf diesen Mänteln bildeten damals so etwas wie die Fahnen späterer Zeit, und sie unterschieden sich nicht nach den Adels f a m i l i e n ihrer Träger, doch nach den S t ä m m e n des sarmatischen Volkes, aus denen diese Familien kamen. Die Adligen des Stammes der Jazygen hatte rotweiße Karos auf ihren Mänteln, und die Adligen des Stammes der Roxolanen trugen schlichte dunkelblaue Mäntel. Die vielen Indizien, die im Laufe einer langen Forschung zur Unterscheidung dieser Zeichen und der dazu gehörigen Stämme geführt haben, können hier nicht aufgeführt werden.

Aber diese unterschiedlich gefärbten Mäntel waren so etwas wie die V o r l ä u f e r der hochmittelalterlichen Wappen. Das setzte allerdings voraus, dass männliche Angehörige derselben Adelsfamilien auch nach zahllosen Generationen noch im Hochmittelalter vorhanden waren, als die heute bekannten Wappen in Erscheinung traten. Nur sie hatten ja das Recht zur Führung dieser Farben ! Doch bei vielen Familien war das offensichtlich der Fall.

Bei den Roxolanen hatten die F ü r s t e n ein besonderes Privileg: sie durften auf ihren dunkelblauen Mänteln kleine goldene Schmuckstücke in Form von Bienen (?) anbringen. Woher will man das wissen ? Wieder muss die Beweisführung zahlreiche Umwege machen.

Im Jahr 1653 gruben Arbeiter in der Stadt Tournai (heute in Belgien) das Grab eines fränkischen Königs aus, des schon im vorigen Kapitel erwähnten Childerich, gestorben wohl im Jahr 481 oder 482. Man fand darin unter vielem anderem einen Fingerring mit seinem „Porträt" und der Inschrift „Childerici regis". Glücklicherweise wurde dieser archäologische Fund in einem ausführlichen Buch eines Arztes namens Chifflet im Jahr 1655 mit genauen Zeichnungen beschrieben, denn fast alle die reichen Schätze dieses Grabes wurden später gestohlen.

Unter den Schätzen dieses Grabes fielen die zahlreichen kleinen goldenen Ornamente in der Form von Bienen (oder Zikaden ?) auf. Waren sie einst auf einem Stoffmantel befestigt gewesen, der selbst natürlich nach mehr als tausend Jahren in der Erde längst zerfallen war ? Diese Möglichkeit ist von einem guten Kenner der frühmittelalterlichen Geschichte, dem deutschen Historiker Reinhard Wenskus, angedeutet worden [18]. Er hat sogar viele der in diesem Buch erwähnten „Mosaiksteinchen" im Blick gehabt, sie allerdings nicht in den richtigen Zusammenhang bringen können und daher nicht die Bedeutung der S a r m a t e n für die frühmittelalterliche Geschichte Europas erkennen können.

Wenn diese Annahme richtig ist, dürften auch die späteren Könige aus der Merowinger-Dynastie als Zeichen ihrer Würde bei feierlichen Gelegenheiten einen dunkelblauen Wollmantel mit goldenen Bienen darauf getragen haben. Welche religiöse Bedeutung die Bienen hatten, können wir heute nicht mehr nachvollziehen.

Nach der Unterbrechung der direkten männlichen Erbfolge durch die Karolinger-Könige haben sehr wahrscheinlich auch deren Nachfolger, die Könige aus der Kapetinger-Dynastie, solche Mäntel als Zeichen ihrer Würde benutzt, wenn sie vermutlich

---

[18]   Reinhard Wenskus, Religion abartadie - Materialien zum Synkretismus in der vorchristlichen politischen Theologie der Franken, S. 219, in: Icinologia sacra , Festschrift für Karl Hauck, Berlin –New York 1994

auch nicht mehr wussten, woher dieser Brauch kam. Deren Erben, die Bourbonen, übernahmen wiederum die Farbe des Mantels Dunkelblau und die kleinen goldenen Figuren darauf in ihr Wappen, das nun im 11. Jahrhundert schon fest zur Ausstattung einer jeden Adelsfamilie gehörte, ja eigentlich so etwas wie ihre „amtliche Urkunde" darstellte.

Doch inzwischen hatten geschickte Goldschmiede - oder Wappenmaler ? – aus den kleinen Bienen ebenso kleine stilisierte Lilien gemacht, die besser in das christliche Zeitalter passten als die inzwischen nicht mehr verstandenen Insekten. So lässt sich wohl recht plausibel die Entstehung des Wappens der Bourbonen – sechs goldene Lilien auf dunkelblauem Feld – erklären.

10. Siebzig Jahre Könige der Thüringer

Über die mehr als sieben Jahrzehnte, in denen Könige über die Thüringer herrschten, weiß man minimal wenig, was historische Ereignisse angeht. Der Beschreiber der frühen Frankenkönige, Gregor von Tours, interessierte sich nicht dafür, erst zu der Auslöschung dieses fernen Königreichs durch fränkische Herrscher aus seiner Heimat in Gallien konnte er wieder etwas beisteuern. Doch darüber wird erst das nächste Kapitel berichten.

Der Erforscher der thüringischen Frühgeschichte, Berthold Schmidt [19], kommt zu dem Schluss, es müsse zwei Könige namens Bisin in Thüringen gegeben haben, also ein gleichnamiger Sohn, der irgendwann seinem Vater folgte. Erst dieser zweite König habe dann die drei Söhne gehabt, deren Namen Irminfried,

---

[19]   Berthold Schmidt, Das Königreich der Thüringer und seine Eingliederung in das Frankenreich, S. 288, in: Die Franken –Wegbereiter Europas, Katalog zur Ausstellung Mannheim 1996

Baderich und Berthachar im nächsten Kapitel noch eine große Rolle spielen werden.

Historisch gesichert ist, dass eine Nichte des berühmten Ostgotenkönigs Theoderich des Großen, Amalaberga, dem letzten der Thüringerkönige Irminfried zur Frau gegeben wurde. Dadurch wurde auch dieses Königreich in das inoffizielle Schutzbündnis einbezogen, das der mächtige Gotenkönig von Norditalien aus mittels Eheschließungen über die meisten neu in Europa entstandenen germanischen Herrschaften gezogen hatte. Auch dazu muss etwas mehr im nächsten Kapitel gesagt werden.

Viel mehr als die Historiker können die Archäologen zum Wissen über diese Phase beisteuern. Sie haben, wie schon erwähnt, die Überreste reicher Adelssitze rund um den Harz ausgegraben und sorgfältig dokumentiert. Es dürfte diesen adligen Familien nicht schlecht gegangen sein in dieser Zeit, wenn man die reiche Ausstattung der vielen gefundenen Gräber von Adligen und Fürsten – und Fürstinnen ! – richtig betrachtet.

Bisher ist allerdings offenbar noch kein Hinweis darauf gefunden worden, an welcher Stelle die Residenz der thüringischen Könige stand. Drei Orte mit „Fürstengräbern" bieten sich dafür an: dicht nördlich der heutigen Stadt Erfurt, dann bei Naumburg an der Saale und schließlich nördlich des Harzes nordöstlich von Halberstadt. Doch vielleicht haben auch die thüringischen Könige ihr Amt „im Umherziehen" und ohne eine feste Residenz ausgeübt, wie das viele Könige im Frühmittelalter in Europa taten.

Übrigens werden noch in jüngster Zeit immer wieder einmal in Thüringen Gräber aus der Zeit und auch Pferdegräber gefunden. Aber sie werden, wie ein aufmerksamer Leser von dort dem Verfasser mitteilte, am liebsten nicht den zuständigen Behörden gemeldet, damit die geplanten Bauarbeiten oder andere Vorhaben

nicht durch langwierige archäologische Untersuchungen aufgehalten werden.

Ein „Pferdevolk" waren die nach Thüringen gekommenen Sarmaten ganz offensichtlich schon, aber man muss vermuten, dass
bei ihnen n i c h t wie bei den Sachsen Pferde als religiöse Opfer
geschlachtet und v e r z e h r t wurden. Jedenfalls hatte es 250
Jahre später Karl der Große nicht nötig, den Thüringern das Essen von Pferdefleisch unter Androhung der Todesstrafe zu verbie-
ten, wie er das bei den Sachsen für nötig hielt. Die dort zu den
(Alt-) Sachsen gekommenen sarmatischen Adligen kamen ja auch
aus einem anderen Stamm als die Auswanderer nach Thüringen,
nämlich aus dem der Jazygen. Hieraus ergibt sich ein weiterer
Schluss, dass bei den Stämmen der Sarmaten – wenigstens in der
Spätzeit – die religiösen Gebräuche von einander abweichen
konnten.

Mangels historischer Nachrichten gibt es kaum Überlegungen,
welchem Glauben wohl die thüringischen Könige angehangen
haben mögen. Sie waren ja nach der einmütigen Überzeugung
aller bisherigen Historiker G e r m a n e n , und sie hatten offensichtlich enge „Beziehungen" zu den Germanen im europäischen
Südosten, den Goten und Rugiern usw., wie die thüringischen
Pferdegräber angeblich zeigen. Da konnte man auf die Idee
kommen, dass auch die Thüringer Arianer gewesen sein könnten.
Denn a l l e Germanen, die in der Völkerwanderungszeit nach
Mittel- und Westeuropa einwanderten, hatten diese Variante des
C h r i s t e n t u m s angenommen. Diese Idee, die Thüringer
könnten Arianer gewesen sein, ist auch andeutungsweise geäußert
worden.

Diese Tatsache dürfte den meisten an Geschichte interessierten
Laien nicht bewusst sein: a l l e Kämpfe am Ende der Antike
zwischen den „letzten Römern" und den germanischen „Barbaren" waren Kämpfe zwischen C h r i s t e n. Allerdings hat die

katholische Kirche in ihrer erbitterten Verfolgung der „arianischen Ketzer" es verstanden, nahezu jede Erinnerung an diese frühe „Konfession" des Christentums zu unterdrücken, die nur einer etwas anderen Auslegung des Wesens des Religionsgründers Jesus entsprungen war. War der „Gott gleich" oder nur „Gott ähnlich"? Letzteres behaupteten die Anhänger des Bischofs Arius aus Alexandria, der diese Lehre einst aufgebracht hatte. Dessen Religionsauslegung war im 4. Jahrhundert n. Chr. den Germanen auf der Balkanhalbinsel von einem Missionar, dem Goten Wulfila, beigebracht worden.

Das Fehlen jeglicher Anzeichen für die arianische Variante des Christentums in Thüringen darf nicht verwundern, denn die römisch bestimmte katholische Kirche, die nach der Machtübernahme der Franken dort in religiösen Dingen allein das Sagen hatte, hat mit äußerster Konsequenz dafür gesorgt, dass jede Erinnerung daran getilgt wurde.

Aber erstaunlicherweise haben sich in der deutschen S p r a - c h e Anzeichen für das vorübergehende Eindringen einer anderen Variante des Christentums ins heutige Deutschland gehalten. Und diese Variante kann eigentlich nur mit S a r m a t e n ins Land gekommen sein. Diese andere „Variante" war das Christentum in seiner g r i e c h i s c h -sprachigen Ausprägung. Die wurde zwar von den von Rom abhängigen Christen (mit lateinischer Kirchensprache) nicht ganz so „verteufelt" wie der Arianismus, aber im Laufe der Zeit immer stärker abgelehnt.

In der frühen n i e d e r deutschen Sprache, von Sprachwissenschaftlern „altsächsisch" genannt, heißt der Begriff für einen christlichen P r i e s t e r (nicht Mönch, aber auch nicht Bischof) „P a p e". In den oberdeutschen („hochdeutschen") Mundarten hieß der gleiche Begriff „Pfaffe".

Die Wortformen unterscheiden sich ganz entsprechend der sogenannten „Zweiten germanischen Lautverschiebung", die nach
den Feststellungen der Sprachforscher irgendwann im Frühmittelalter einsetzte und die niederdeutschen von den oberdeutschen
Dialekten (als Teile einer „germanischen" Sprache) deutlich unterschied. Woran die Aussprache-Veränderungen lagen, ist für
die Forschungen in d i e s e m Buch uninteressant, kennzeich-
nend ist unter anderem, dass ein niederdeutsches „p" in Ober-
deutschland wie „f" oder „pf" gesprochen wurde.

Zur sprachlichen Herkunft dieses Wortes „Pape" kann man in
einem alten etymologischen Wörterbuch [20] folgende aufschluss-
reiche Erklärung finden: *„Die herrschende Annahme der Ablei-
tung aus lat. Papa, das innerhalb der weströmischen Kirche eh-
renvolle Anrede der Bischöfe und Titel des Papstes war, vermag
die übereinstimmende kontinentaldeutsche Bedeutung „Geistli-
cher" unserer (Wort-)Sippe nicht zu erklären und ist daher mit
Entschiedenheit zu verwerfen. In der g r i e c h i s c h e n Kirche unterschied man „Pápas" = Papst und „Papás" = clericus
minor, und an die letztere Bedeutung knüpft die deutsche Wort-
sippe (Pape, Pfaffe) an."* Es sei daran erinnert, dass im Russi-
schen das Wort „Pope" die gleiche Bedeutung hat.

Hellsichtig, aber noch ohne das erst in den allerletzten Jahren
zusammengetragene Wissen über die Bedeutung der Sarmaten
auch für das Gebiet des heutigen Deutschland, fügte der Germa-
nist Professor Kluge damals an: *„Das g r i e c h i s c h e Wort
mag schon im 6. Jahrhundert (!!) durch Deutschland verbreitet
worden sein, es kam vielleicht etwas später als* (das Wort) *Kirche
zu uns, was man aus dem Fehlen des Wortes „papa" = Geistli-
cher im Angelsächsischen, Englischen schließen möchte. Auch*

---

[20] Kluges Etymologisches Wörterbuch der deutschen Sprache, 6. Auflage
von 1905 - in neueren Auflagen dieses Standardwerkes sind die zitierten Tex-
te zur Herkunft des Wortes „Pape" nicht mehr enthalten.

hier haben wir eine Spur der g r i e c h i s c h e n Kirche bei den Germanen. Doch lässt sich der (Völker-) Stamm nicht bestimmen, der das griechische „papás" als „pápa" in seinen Wortvorrat aufnahm und weitertrug. "

Spuren der g r i e c h i s c h e n christlichen Kirche bei den Germanen im späteren Deutschland im 6. oder sogar 5. Jahrhundert sind für die deutsche Geschichtsforschung bisher völlig unerklärbar. Eine Erklärung bietet sich an, wenn man den Behauptungen dieser Buchreihe folgt, wonach Sarmaten im Laufe des späten 5. Jahrhunderts in verschiedene Gegenden Nord-, Mittel- und Süddeutschlands kamen. Wenn sie auch sonst kaum Spuren ihrer Sprache hinterlassen haben, dann vielleicht doch wenigstens in den Wörtern „Pape" im Norden und „Pfaffe" im Süden.

Die lange Nachbarschaft der Sarmaten mit den Griechenstädten am Schwarzen Meer (siehe dazu oben S. 16) hatte mit Sicherheit dazu geführt, dass einige Angehörige ihrer Adelsfamilien nicht nur Griechisch sprechen, sondern auch lesen und schreiben lernten. Das galt wohl vor allem für solche Adelsfamilien, in denen das Priestertum erblich war.

Und gerade diese „intellektuellen" Familien boten sich dafür an, dass bei ihnen später auch die Funktion von Priestern der christlichen Kirche erblich wurde, als in der östlichen Hälfte des Römischen Reiches, dem g r i e c h i s c h sprachigen Teil, das Christentum ab dem frühen 4. Jahrhundert „Staatsreligion" wurde. Einige der sarmatischen Stämme mögen dann dort in Südosteuropa mit der Zeit auch Christen nach g r i e c h i s c h e m (orthodoxem) Ritus geworden sein.

Oder, um es vorsichtiger auszudrücken, es gab wahrscheinlich schon ab dem 4. Jahrhundert einige sarmatische Adelsfamilien, in denen die Würde als christliche Priester erblich war: die „Papen".

Damals existierte übrigens noch kein Heiratsverbot für christliche Priester, in der orthodoxen Kirche bis heute nicht !

Solche „Papen" kamen jedenfalls mit den Wanderungen der Sarmaten nach Westen, vor allem zu den „Sachsen". In deren Sprachschatz konnte dann sogar der Familienname „Papen" als Begriff für christliche Priester eingehen. Diesen Familiennamen Papen führt übrigens heute noch ein altes westfälisches Adelsgeschlecht. Ein Franz von Papen war für kurze Zeit unter Hitler Vizekanzler des Deutschen Reiches.

Den Einfluss einiger christlicher Priester in sarmatischen Adelsfamilien im Frühmittelalter in Deutschland sollte man nicht überschätzen. Ein intensives christliches Kirchenleben darf man bei ihnen nicht vermuten. Erstens war offenbar im Altertum und im Frühmittelalter die griechisch geprägte christliche Kirche – später, nach der Kirchenspaltung sollte sie den Namen „Orthodox" annehmen – nicht so aggressiv auf Missionierung aus, wie die römische Kirche mit lateinischer Sprache. Eine „Zwangs-Christianisierung mit Feuer und Schwert", wie sie etwa Karl der Große betrieb, hat es dort wohl nie gegeben.

Und zweitens: wenn es Erinnerungen an eine christliche Kirche oder wenigstens Lehren des Christentums mit griechischer Prägung bei den (neuen) Sachsen gegeben haben sollte, dann haben die Missionare der r ö m i s c h e n Kirche ab dem 8. Jahrhundert ganz schnell dafür gesorgt, dass solche Überbleibsel aus dem Gedächtnis der Zeitgenossen und der Nachwelt getilgt wurden.

In Rom und in der lateinisch sprechenden Kirche des Westens wurde die „Konkurrenz" der griechischen Kirche des Ostens zwar nicht so stark als ketzerisch empfunden wie die frühmittelalterliche „Konfession" des Arianismus, aber man empfand das griechisch geprägte Christentum doch als so anders, dass man am liebsten nichts damit zu tun haben wollte. Vor allem wollte man nicht wahrhaben, dass den irischen und später angelsächsischen Glaubensboten im späteren Deutschland, die dem Papst in Rom gehorchten und auf lateinisch die Messe hielten, Missionare mit griechischer Sprache vorangegangen waren. Doch solche Untersuchungen gehören eher in eine moderne Kirchengeschichte Deutschlands als in die Forschungen nach den Sarmaten in unserem Land.

In Thüringen und Sachsen-Anhalt findet sich im Gegensatz zu Niedersachsen und Schleswig-Holstein heute nur ein einziger Ortsname, der mit „Papen"- zusammengesetzt ist, der Weiler Papenhöhe in der Nähe von Osterode (Harz). Ebenso wenig gibt es dort allerdings auch mit „Pfaffen"- beginnende Ortsnamen, die im Süden Deutschlands sehr häufig sind. Das lässt auf eine andere S p r a c h entwicklung im Frühmittelalter im Königreich Thüringen schließen. Auch heute gehört ja der Dialekt der Thüringer (als Teil des sächsischen Dialekts) zu einer anderen Dialektregion als das Bayerische, Fränkische, Schwäbische, Alemannische oder im Norden das Westfälische, Niedersächsische usw. Doch auch Forschungen in diese Richtung gehören nicht in dieses Buch.

11. Das traurige Ende des Reiches

Über das Ende des Königreichs der Thüringer weiß man eine ganze Menge; doch ist dabei keineswegs sicher, ob das, was man zu wissen meint, auch stimmt. Immerhin geben die modernen Historiker übereinstimmend ein konkretes Jahr an, in dem die entscheidende Schlacht stattgefunden haben soll: 531 n. Chr. Doch dieses Ende hatte ein Vorspiel und ein Nachspiel.

Über das Vorspiel berichtet der schon im Kapitel 9 erwähnte Geschichtsschreiber der frühen Frankenkönige, Gregor von Tours. Er nennt drei Brüder als Könige der Thüringer, Berthachar, Baderich und Hermenefred (in anderen Quellen Irminfred genannt) [21] . Hermenefred habe seinen Bruder Berthachar in einer Schlacht besiegt und getötet, sei dann aber bald mit dem verbliebenen Bruder Baderich in Streit um die Alleinherrschaft in Thüringen geraten.

Um den zu besiegen, habe er durch einen Boten den Frankenkönig Theuderich aufgefordert, ihm bei der Bekämpfung des Baderich zu helfen. Als Lohn dafür habe er dem fränkischen „Vetter" die Hälfte des Reichs des Baderich versprochen. Doch nach dem gemeinsamen Sieg über den störenden Bruder und nach dessen Tod habe Hermenefred sein Versprechen vergessen und dadurch Anlass zu dem bald folgenden Feldzug des Theuderich gegeben.

Gregor gibt in seiner Art keinerlei Hinweise auf die Motive der Handelnden oder auf das historische Umfeld der Vorgänge. Für beides muss sich der h e u t e an diesen Ereignissen Interessierte aus zahlreichen neueren Erkenntnissen der Geschichtsforschung Indizien zusammensuchen.

E i n Motiv war vielleicht dem Bischof Gregor zu seiner Zeit so vertraut – ihm selbst und wohl auch allen Zeitgenossen, wenigstens denen, die an politischen Vorgängen Anteil nahmen – , dass er es nicht für nötig fand, es zu erwähnen: nämlich das Streben eines Königs nach unbedingter Alleinherrschaft in seinem Reich. In der Geschichte der Herrschaften im zerfallenden Römischen Reich finden sich zahlreiche Beispiele dafür, bei Germanen wie bei „Römern", übrigens auch im „Fränkischen" Reich.

Auch das zweite Motiv könnte dem Autor Gregor noch so gut bekannt gewesen sein, dass er gar nicht daran dachte, es zu erwähnen: die Verwandtschaft zwischen den fränkischen und den

---

[21]   Gregor von Tours, Fränkische Geschichte, Buch 3, Kapitel 4

thüringischen Königen. Sie ergab sich ja keineswegs nur aus der Heirat des Königs Childerich mit einer Prinzessin aus dem thüringischen Königshaus, wie im 8. Kapitel beschrieben. Sondern diese Verwandtschaft gründete sich ja auch auf uralte ethnische und kulturelle Zusammenhänge der Herrscher- und Adelsfamilien in beiden Ländern.

An der „weltpolitischen Lage" seiner Zeit hatte Bischof Gregor ohnehin kein Interesse, wahrscheinlich wusste er auch nicht viel davon. Aber sie war natürlich wichtig für die Vorgänge des Jahres 531, dem „Hauptakt" des Dramas „Untergang des thüringischen Reiches" in drei Akten.

In den gut siebzig Jahren nach der Heirat des „Franken"-Königs Childerich mit der thüringischen Prinzessin Basina hatte sich die Lage in Mittel- und Westeuropa dramatisch verändert. Das Weströmische Kaiserreich hatte endgültig seinen Geist aufgegeben. An seiner Stelle hatten nun g e r m a n i s c h e Herrscher die Macht übernommen: erst der Skire Odoaker, nach dessen Tod sein Todfeind Theoderich, der König der Ostgoten, der ab dem Jahr 493 vom norditalienischen Ravenna aus versuchte, wenigstens einige Provinzen des einstigen römischen Reiches unter seiner Oberhoheit zu halten.

Dieser Theoderich wurde in den ersten Jahrzehnten des 6. Jahrhunderts so bedeutend auch für andere germanische Königreiche in West- und Mitteleuropa, dass man ihm schon sehr früh den Titel „der Große" verliehen hat. Sein Prestige war so groß, dass auch das zweite neue Kraftzentrum in Westeuropa, das von König Chlodwig begründete „Frankenreich" in Gallien, auf dessen Wünsche im Allgemeinen Rücksicht nahm.

Doch im Jahr 526 starb Theoderich, und sofort setzten in seinem Reich Erbfolgestreitigkeiten ein. Der politisch-moralische Schutz, den auch das Thüringerreich durch die Hochzeit des Königs Irminfred mit der Nichte des Ostgoten genossen hatte, war dahin.

Umgekehrt hatte Childerichs einst so kleines Reich in den siebzig Jahren seit seiner Heirat eine ungeahnte Ausdehnung von Macht und Umfang erfahren. Das war unter anderem dem geschickten Schachzug seines Sohnes Chlodwig zu verdanken, der sich den Titel „König der Franken" selbst zugesprochen hatte.

Damit hatte er, der einst nur ein paar hundert sarmatische Reiter befehligte, sich ein Heer von vielen tausend ihm treu ergebener Krieger gesichert. Es waren die zahllosen Söldner der römischen Armee meist germanischer Herkunft, die zum Teil schon seit Generationen in Gallien Wache hielten gegen Feinde, die längst nicht mehr kamen, und die die Römer pauschal „Franken" nannten. Von den Römern im Lande heimlich gefürchtet und verachtet, waren diese Franken auf einmal das „Staatsvolk" eines Königreichs und Herren über hunderttausende Einheimischer in Gallien geworden, genau wie in Südwestfrankreich die Westgoten und in Südostfrankreich die Burgunder.

Erstaunlicherweise hat offenbar kein moderner Historiker diesen Aspekt des Titels „König der Franken" aufgegriffen und näher durchdacht, weder in Frankreich noch in Deutschland. Weil Chlodwig nicht wollte, dass die etwas fragwürdige Herkunft dieses Titels von den Zeitgenossen durchschaut wurde, war die Konstruktion eines „uralten Volks der Franken" Teil des Kompromisses, der um das Jahr 500 erst die Taufe Chlodwigs als (katholischer) Christ ermöglichte. Hierzu Genaueres im Band **Die Ahnen der Merowinger und ihr „fränkischer" König Chlodwig.** Diese bewusste Geschichtsfälschung – die Erfindung der „Franken" als Germanenvolk – hat bis heute ihren Dienst getan.

Nach Chlodwigs Tod (511) wurde sein Reich zwar in vier nach innen von einander unabhängige Teilreiche aufgeteilt, um seine vier Söhne mit je einem „Königreich" zu versorgen. Doch nach außen bemühten sich die aufeinander eifersüchtigen Brüder, geeint aufzutreten. Vor allem der älteste dieser Brüder mit Namen Theuderich war ständig dabei, sein Reich – die östlichste der vier Herrschaften – in den Raum des ehemaligen „freien Germaniens" auszudehnen. Dieses Reich erhielt bald den Namen „Auster" („Land der Morgenröte") [22].

Schon unter Chlodwig war ein Strom germanischer Krieger mit ihren Familien aus dem alten Gallien nach Osten unterwegs, um bis zum Rhein und darüber hinaus neue Wohnsitze zu gewinnen. Im alten Gallien waren sie als Wächter überflüssig geworden, aber als treue Gefolgsleute der Frankenkönige konnten sie sowohl „Königs-Bauern" werden wie gleichzeitig das Reich ihres Herren erweitern. Diese aus zahlreichen Indizien zu folgernde Neubesiedlung des Rheinlands durch Germanen von W e s t e n her seit den Tagen Chlodwigs und vor allem unter seinen Nachfolgern wird von den akademischen Historikern jedoch ziemlich konsequent übersehen.

Noch zu seinen Lebzeiten hatte Chlodwig die Alemannen unterworfen und damit Einfluss im heutigen Südwestdeutschland gewonnen. Mainz, die alte Hauptstadt der römischen Provinz Obergermanien, war in seine Hand (und unter die Verwaltung zuverlässiger katholischer Bischöfe) geraten [23]. Am unteren Main hatte er dort, wo eine alte Handelsstraße den Fluss querte, den Ort „Frankfurt" gründen lassen. Und längst waren Krieger und Siedler des fränkischen Reichs von dort aus nach Nordosten unterwegs, dem Lauf des Flusses Kinzig folgend, um Verbindung mit dem verwandten Volk der Thüringer zu finden.

---

[22] Nach den Forschungen von Prof. F. Muller, Pulligny, Frankreich
[23] Siehe hierzu Reinhard Schmoeckel, Deutschlands unbekannte Jahrhunderte, Beltheim-Schnellbach 2013, Kap. 14.

Auch diese Teile der Besiedlungsgeschichte Deutschlands im frühen Mittelalter werden von der herkömmlichen Geschichtsforschung übersehen. Es gibt ja keine „Beweise" dafür, denn der Kronzeuge Gregor hat nichts davon geschrieben. Höchstens irgendwelche „obskuren" Heimatforscher behaupten so etwas.

Die vorstehenden kurzen Erklärungen muss der Leser im Kopf haben, wenn er den Hauptakt des Dramas um das Ende des Königreichs der Thüringer verstehen will. Gregor von Tours berichtet dazu relativ ausführlich, allerdings voller „Standard-Floskeln" aus anderen ihm bekannten Geschichtsbeschreibungen. Schließlich hatte sich das, was er erzählte, viele Jahre vor seiner Geburt abgespielt, und schriftliche Quellen zu diesem Feldzug gab es ganz bestimmt nicht. A l l e s beruhte also nur auf mündlichen Erzählungen in den wenigen Adelsfamilien des Frankenreichs, deren Vorfahren den Feldzug von 531 mitgemacht hatten.

Der Frankenkönig Theuderich sicherte sich für den geplanten Feldzug die Mithilfe seines Bruders Lothar (Gregor nennt ihn Chlothachar). Gemeinsam zogen also Heere der beiden Könige von Frankreich nach Thüringen. Nach anfänglichen Erfolgen der Thüringer bei der Abwehr gelang es dann den Franken, den Hauptteil des thüringischen Heeres zu schlagen, König Irminfred musste fliehen. Soweit in dürren Worten der Ablauf des Feldzuges, der, wie es scheint, im großen Ganzen tatsächlich so abgelaufen ist [24].

Aber weder Gregor noch heutige Geschichtsforscher scheinen sich je gewundert zu haben, dass die fränkischen Krieger den weiten Weg von mehr als 500 Kilometer von Frankreich nach Thüringen zurückgelegt haben, nur um ein angeblich ihrem König gegebenes und gebrochenes Versprechen zu rächen.

---

[24] Gregor von Tour, Fränkische Geschichte, Buch III, Kapitel 7

Vermutlich haben die beiden Frankenkönige, Söhne Chlodwigs und Enkel Childerichs, E r b ansprüche auf Teile Thüringens vorgebracht, die aus der Heirat Childerichs mit der Prinzessin Basina stammen dürften; allerdings bot sich in den abgelaufenen siebzig Jahren nie eine Gelegenheit, sie wahr zu machen. Jetzt aber, im Jahr 531, sah die Lage völlig anders aus – siehe oben. Die Gelegenheit, das Frankenreich nach Osten zu erweitern, war zu gut, um sie verstreichen zu lassen. Gerade die Tatsache, dass Theuderich den Feldzug zusammen mit seinem Bruder unternahm, stützt die Annahme, nach außen hin seien Erbansprüche der Frankenkönige der offizielle Anlass des Kriegszuges gewesen.

Die „Heere" der Franken darf man sich nicht zu groß vorstellen. Im Sprachgebrauch der Zeit waren schon mehr als 30 Krieger auf einem Haufen ein „Heer". Allerdings mussten die Könige aus Gallien auf eine ansehnliche Zahl von thüringischen Kämpfern gefasst sein und daher auch eine wenigstens entsprechend große Zahl aufbieten. Ein paar hundert Krieger werden es schon gewesen sein.

Etwas ganz Merkwürdiges ist in dem Kapitel Gregors über diesen Feldzug enthalten. Er gibt eine wörtliche Rede Theuderichs an seine Soldaten wieder, um sie zum Kampf gegen die Thüringer anzustacheln. *„Erinnert euch daran, wie die Thüringer einst über unsere Väter mit Gewalt hereinbrachen und ihnen viel Leid zufügten...".* Die Rede geht noch lange weiter; doch natürlich hat sie weder Gregor selbst gehört noch ist sie wörtlich aufgeschrieben worden. Doch ihr wesentlicher Inhalt scheint Teil der Erinnerungen gewesen zu sein, die Bischof Gregor um das Jahr 580 von Angehörigen fränkischer Adelsfamilien erzählt bekam, deren Großväter am „Feldzug gegen Thüringen" teilgenommen hatten.

So genau noch Historiker des 21. Jahrhunderts den Worten Gregors in diesem Kapitel trauen, was den Verlauf des Feldzugs angeht, so wenig scheinen sie sich über die Bedeutung dieser Zeilen Gedanken gemacht zu haben. Sie sind jedoch in Wirklichkeit ein wichtiger Schlüssel zur Enträtselung der sogenannten „Fränkischen Wanderungssage". Genaueres wird im Band **Die Ahnen der Merowinger und ihr „fränkischer" König Chlodwig** erklärt.

Hier dazu daher in aller Kürze nur Folgendes: Auf seiner Flucht vor den Römern hatte einst – um das Jahr 375 – der sarmatische Draco aus Sicambria (Budapest) bei den Thüringern Zuflucht gesucht, musste aber nach Jahren des Aufenthalts dort wegen Streitigkeiten mit diesem Volk erneut flüchten. An diese schmähliche Situation erinnert die Rede, ein Zeichen, wie sehr in den Familien der s a r m a t i s c h e n Krieger noch 150, ja 200 Jahre später der Vorfall von Wichtigkeit war. Und die „Rede" beweist weiter, dass ein großer Teil der Heere der fränkischen Könige damals noch immer aus S a r m a t e n bestand, wenigstens die höheren Offiziere kamen sicher aus dem Adel dieses in den „Franken" aufgegangenen Volkes.

Was sonst andere Quellen über den Krieg der Franken gegen die Thüringer berichten, muss mit größter Vorsicht betrachtet werden. Der „Historiker des sächsischen Volkes", der Mönch Widukind von Corvey, schrieb da gut 450 Jahre später etwas von einer Hilfeleistung der Sachsen für die Frankenkönige. Als Belohnung dafür hätten sie das eroberte Land nördlich der Unstrut für sich erhalten [25].

Doch in der realen Geschichte des 6. Jahrhunderts in Mitteleuropa befanden sich die Sachsen – also die Germanen, die sich selbst so nannten – gerade damals in der schwächsten Phase ihrer

---

[25] Widukind von Corvey, Sächsische Geschichten nebst der Schrift über die Herkunft der Schwaben, übersetzt von Wilhelm Wattenbach (um 1890, Neuausgabe Phaidon Verlag Essen 1986)

Geschichte, wenigstens auf dem Kontinent. Nach der Auswanderung wichtiger Gruppen nach Britannien waren auf dem Festland nur spärliche Reste zurückgeblieben. Diese hätten es nach ihrer Umsiedlung weiter ins Inland, weg von dem ständig steigenden Meer, gewiss nicht geschafft, im Jahr 531 den fränkischen Königen in ihrem Kampf gegen die Thüringer zu Hilfe zu kommen (hierzu Genaueres im Buch **Widukinds Geheimnis.**)

Und merkwürdig; etwa 100 Jahre nach dem Mönch Widukind hat (wahrscheinlich) ein anderer Mönch aus dem Kloster Siegburg mehr oder weniger die gleichen „Stories" über die Hilfeleistung im Krieg gegen die Thüringer beschrieben, aber diesmal waren es „Schwaben", die den Franken halfen. Das steht im Bruchstück „über die Herkunft der Schwaben" aus dem „Annolied" von etwa 1080. Dieses „Annolied" war ein Lobgedicht auf den gerade verstorbenen Erzbischof Anno II. von Köln, aber es ist auch das erste schriftlich festgehaltene mittelhochdeutsche Gedicht mit historischem Inhalt.

Allerdings waren die „Schwaben", die der Dichter wohl meinte, zur Zeit des fränkisch-thüringischen Krieges noch lange nicht im Land am Harz, als Nachbarn der Thüringer. Dorthin kamen sie erst 40 Jahre später. Für moderne Historiker kann das nur heißen, dass die Berichte der „Kollegen" vor 1000 und mehr Jahren weitgehend „Propagandaschriften" zugunsten der eigenen Vorfahren und keine zuverlässigen „Geschichtsberichte" waren. Von einer Überlassung der Gebiete nördlich der Unstrut durch die Franken an die „hilfreichen" Sachsen konnte jedenfalls keine Rede sein, wie Widukind behauptet hatte und wie es seitdem auch in den meisten modernen Geschichtsbüchern steht.

Nach der „Schlacht an der Unstrut" (laut Gregor) war zwar der zweite Akt des Dramas vorüber, aber noch nicht das ganze Stück. Es gab noch einen „dritten Akt".

König Irminfred war zwar besiegt, aber nicht ganz. Ein Satz in dem Bruchstück „über die Herkunft der Schwaben" dürfte keine reine Erfindung gewesen sein, sondern die Verdrehung eines nicht mehr richtig verstandenen mündlich überlieferten realen Ereignisses. Denn da heißt es, König Irminfred sei mit knapp 500 Kriegern zum „König Attila der Hunnen" geflüchtet. Der war damals aber schon fast 100 Jahre tot, doch nach der „Thidrekssaga" muss es zu der Zeit einen König der H u n e n namens A t t a l a in dem westfälischen Ort Soest gegeben haben, der berühmt und gewiss kein Gefolgsmann der Frankenkönige war. Eine Verwechslung der so ähnlichen Namen war das Schicksal dieses Königs fast von Anfang an.

Die „Thidrekssaga" ist eine Sammlung von Heldensagen aus Mitteleuropa im 5. Jahrhundert und später, in der zahlreiche Kerne historischer Ereignisse zu finden sind. Eine größere Gruppe privater Forscher bemüht sich seit langem um die Aufklärung der Rätsel in diesem umfangreichen Buch (siehe dazu S. 41 f.).

Der Thüringerkönig Irminfred scheint nach einer kurzen Erholungspause bei König Attala in Soest noch zwei oder drei Jahre eine Art Partisanenkrieg gegen die fränkischen Besatzer in seinem Land geführt zu haben, und zwar offenbar recht erfolgreich. Sonst wäre er nicht von König Theuderich zu Waffenstillstands- oder Friedensverhandlungen ins Frankenreich eingeladen worden, natürlich mit der üblichen Zusicherung der Unverletzlichkeit des Parlamentärs.

Nach anfänglich wohl viel versprechenden Verhandlungen, bei denen der thüringische König durchaus mit Respekt behandelt wurde, fand der Unterhändler den Tod. Hierzu der fromme Bischof Gregor wörtlich: „*Da sie* (offenbar König Theuderich und König Irminfred) *auf der Mauer der Stadt Zülpich dahingingen, erhielt Hermenefred einen Stoß, man weiß nicht von wem, stürzte von der Mauer zur Erde und gab seinen Geist auf. Wer ihn von dort herab warf, wissen wir nicht, man behauptet aber, dass ganz gewiss eine Hinterlist Theuderichs dabei im Spiel gewesen war.* "[26]

Dieses Ereignis muss etwa in das Jahr 534 gefallen sein. Kurz danach verstarb nämlich auch der Frankenkönig Theuderich. Der Widerstand in Thüringen wird dann wohl erloschen sein. Doch was hat es mit der „Stadt Zülpich" auf sich, die in allen Übersetzungen des Gregor-Buches ins D e u t s c h e dort zu lesen ist?

An sich hat der O r t des Todes König Irminfreds nichts mehr mit dem Schicksal der Thüringer in Mitteldeutschland zu tun. Aber die falsche Übersetzung ist geradezu ein Symbol für die geistige Verwirrung, die bewusst oder unbewusst die europäische und vor allem deutsche Geschichtsforschung zum Thema der Merowinger und der „Franken" seit dem Mittelalter beherrscht.

Im lateinischen Originaltext Gregors heißt der Ort „T u l b i a - cum". Dort hatte – nach einer weiteren Erwähnung in der „Fränkischen Geschichte" Gregors [27] – einst eine Schlacht des Königs Chlodwig gegen die Alemannen stattgefunden; sein Sieg dort soll ihn bewogen haben, sich christlich (und zwar katholisch) taufen zu lassen.

Die lokalen Geschichtsforscher in der alten Bischofsstadt Toul an der oberen Mosel sind seit langem davon überzeugt, dass sich diese Schlacht dort in der Nähe zutrug [28]. Siehe auch hierzu Genaueres im Band **Die Ahnen der Merowinger und ihr „Franken"-König Chlodwig.**

---

[26] Gregor von Tours, Fränkische Geschichte, Buch III, Kapitel 8.
[27] Gregor von Tours, Buch II, Kap. 30 und Kap. 37
[28] Mitteilung des Leiters des Museums der Stadt Toul, Dr. Hachet, an den Verfasser

Aber in Deutschland herrscht seit Jahrhunderten die Überzeugung, die kleine Stadt Zülpich sei gemeint, 35 Kilometer südwestlich von Köln. Warum? Weil der Ort zur Römerzeit „Tolbiacum" hieß; damals eine wichtige Pferdewechselstation an der Kreuzung zweier Römerstraßen.

Hier hatten deutsche Historiker endlich den „Beweis", dass die frühe Geschichte des Frankenreiches auch etwas mit dem Gebiet zu tun hatte, das erst viele Jahrhunderte später den Namen „Deutschland" erhielt. Man brachte es fertig, ein riesiges „Reich der Rheinfranken" im Frühmittelalter zu erfinden, das im 5. Jahrhundert große Teile des heutigen Rheinlands beherrscht habe. Die Fehlinterpretationen reichen bis ans Ende des 20. Jahrhunderts und in gewissermaßen „amtliche" Gesamtdarstellungen der deutschen Geschichte hinein.

Die Stadt Zülpich richtete sogar noch im Jahr 1995 zur Feier des angeblichen 1500. Jahrestages dieser Schlacht ein internationales Symposium von Geschichtsprofessoren aus, um sich als Ort der angeblichen Entscheidungsschlacht feiern zu lassen …

Von der noch von den Römern erbauten Mauer um die kleine gallische Stadt Tullum Leucorum, später Tulbiacum und noch später Toul genannt, stürzte Irminfred, der letzte König der Thüringer aus dem stolzen Sarmatenstamm der Roxolanen, zu Tode. Die Zeit der Unabhängigkeit der Thüringer war damit endgültig zu Ende.

Doch das Drama „Die Könige von Thüringen" hatte noch einen vierten Akt, und der ist verbunden mit dem Namen Radegunde. Dieses Mädchen war die Tochter des Königs Berthachar, seit dessen Tod also Waise. In den Kämpfen des Jahres 531 muss es Kriegern des Frankenkönigs Clothar gelungen sein, sie auf dem Hof ihres Vaters zu „erbeuten". An die blutrünstigen Szenen bei dieser „Kriegstat" dürfte sich die Prinzessin noch im hohen Alter schaudernd erinnert und ihrem Freund und Beschützer, dem spätlateinischen Dichter Venantius Fortunatus, davon erzählt haben.

Denn der hat in einem lateinischen Gedicht über das Schicksal seiner Freundin mit dramatischen Worten davon berichtet. Frankenkönig Chlothar betrachtete die gefangene Geisel als hochwillkommene Kriegsbeute, nahm sie mit nach Gallien, machte sie zu seiner Frau und hoffte damit wohl, sich einen (Erb-)Anteil am eroberten Thüringen zu sichern. Ihr mitgefangener kleiner Bruder wurde nach einigen Jahren in einem fränkischen Kerker umgebracht, wohl um dessen möglichen Anspruch auf die Herrschaft in Thüringen auszuschalten.

Der bemerkenswerten Frau gelang es nach einigen Jahren (Zwangs-)Ehe, sich von ihrem Mann zu trennen und in ein Kloster zu flüchten, wo sie erst Nonne und später Äbtissin eines von ihr selbst gegründeten Klosters im südfranzösischen Poitiers wurde. Im hohen Alter starb sie dort im Jahr 587, schon bald als Heilige verehrt. Ihr Schicksal kennt man, wie erwähnt, aus einem ausführlichen Gedicht ihres Freundes Venantius Fortunatus.

Vielleicht gab es sogar einen „fünften Akt", denn auch Angehörige eines anderen Zweiges der thüringischen Königsfamilie erwiesen sich als zähe Kämpfer. Irminfreds Frau Amalaberga war es gelungen, rechtzeitig aus Thüringen zu flüchten und ihren kleinen Sohn Amalafried mitzunehmen. Sie fand Unterschlupf bei ihrem Bruder Theodahad, der zeitweilig König der Ostgoten in Oberitalien war. Als die Truppen des Oströmischen Reiches in ihren Kämpfen gegen die Ostgoten deren letzte Hauptstadt Ravenna erobert hatten (540), geriet sie in Gefangenschaft der Sieger und wurde nach Konstantinopel (Byzanz) gebracht und in ehrenhafter Geiselhaft gehalten. Ihr Sohn Amalafried wurde Offizier im oströmischen Heer und stieg bis zu hohen Befehlshaberstellen auf.

Irgendwie scheinen die Nachkommen der thüringischen Königsfamilie bemerkenswerte Persönlichkeiten gewesen zu. Ob das mit ihrer ethnischen Herkunft aus einem Stamm des Sarmatenvolkes zusammenhing, weiß man natürlich nicht.

12. Auf der Suche nach dem Königsschatz

Wenige Thüringer dürften sich in den letzten 40 Jahren so intensiv mit der Geschichte des „Königreichs Thüringen" beschäftigt haben wie der „Hobby-Forscher" Reinhold Andert. In seinem Buch [29] beschreibt er unter anderem die tragikomische Geschichte seiner Versuche, in den letzten Jahren der DDR den Ort des „Thüringer Königshorts" zu finden.

Als systemkritischer „Liedermacher" Ende der 70er Jahre bei der SED „in Ungnade gefallen", beschäftigte er sich seitdem mit dem unverfänglichen Thema der Geschichte des „Thüringer Königreiches" vor 1500 Jahren. Doch seine Versuche, bestimmte Stellen in Thüringen mit modernen Methoden der Archäologie prüfen zu lassen, ob sich dort eine Grabung lohnen würde, scheiterten. Höchst aufschlussreich ist es, wie der Autor in seinem Buch das Kompetenzgerangel der DDR-Bürokratie auch auf dem Gebiet der Archäologie schildert, die zum Teil geradezu skurrile Geheimniskrämerei, der man aber mit einer Flasche Schnaps mitunter durchaus ein Schnippchen schlagen konnte, die ehrfürchtigen Achtung vor dem Willen „der Partei" (SED), die man aber wieder durch geschickte Ausnutzung persönlicher Beziehungen umgehen konnte, und andere Absurditäten der späten DDR-Jahre.

---

[29] Reinhold Andert, Der Thüringer Königshort, Dingsda-Verlag Querfurt, 1995

Als Laienforscher war er zu der Ansicht gekommen, dass der letzte König Irminfred einen beachtlichen „Königshort" hinterlassen haben müsste, den die fränkischen Sieger vor 1500 Jahren nicht gefunden hätten. In dieser Ansicht fand er einen Unterstützer in dem Archäologie-Professor Behm-Blancke, der aber damals gerade pensioniert worden war und daher jeden Einfluss verloren hatte.

Anderts Ansicht hatte Hand und Fuß, denn gerade in jener Zeit des Frühmittelalters gehörte ein ansehnlicher „Hort" (Schatz) zu jedem germanischen König. Der bestand in goldenen (römischen) Münzen, aber auch in kostbaren Goldschmiedearbeiten wie Ringen, Broschen, Diademen, wertvollen Schwertern und anderen Gegenständen, die man real „mit Händen greifen" konnte. Der Hort wurde häufig in stabilen und gut bewachten Holzkisten im Reiterzug des Königs mitgeführt, wenn dieser auf Reisen war.

Auch der thüringische König muss einen solchen Schatz besessen haben, gespeist durch Geschenke befreundeter Könige und andere Quellen. Zum Bild eines Königs dieser Zeit gehörte es, dass er gelegentlich in diese Schatzkiste griff und einen treuen Gefolgsmann mit einem kleinen Teil dieses Schatzes beschenkte. Denn einen regelmäßigen Sold in Geldmünzen wie die Römer konnte er ja nicht zahlen.

Reinhold Andert und sein wissenschaftlicher Mentor Behm-Blancke folgerten sicher richtig, dass die Franken nach ihrem Sieg über König Irminfried diesen Schatz n i c h t erbeutet hatten, denn Gregor von Tours berichtete nichts davon, was er in verschiedenen anderen Fällen aber regelmäßig getan hat.

Irminfred scheint also gerade noch Zeit gehabt zu haben, den Schatz verstecken zu lassen, bevor er seine entscheidende Schlacht an der Unstrut verlor.

Diesen Flussnamen überliefert Gregor von Tours, und es gibt eigentlich keinen Anlass, d i e s e m Detail zu misstrauen.

W o allerdings diese Schlacht stattfand, ist unklar. Reinhold Andert versucht das zu klären, indem er den gesamten Verlauf dieses Flusses von der Quelle bis zur Mündung in die Saale bei Naumburg einem genauen „Verhör" unterzieht, wie er das nennt.

Dieses „Verhör" besteht in der sorgfältigen Erfassung aller Angaben zu den landschaftlichen Gegebenheiten praktisch jedes Kilometers des Flusses, der Ortsnamen und ihrer möglichen früheren Form und Bedeutung einschließlich sorgfältiger sprachwissenschaftlicher Betrachtung, der archäologischen Funde aus der Gegend, der Besiedlungsgeschichte und sonstiger wichtiger historischer Ereignisse. Indizien aus den verschiedensten Wissenschaften fügen sich jeweils zusammen. Wer dem Autor Andert vorwerfen will, er sei ja ein „archäologischer Laie" und infolgedessen „kein Wissenschaftler", der hat sein Buch nicht gelesen.

Mehrere Stellen in diesem Tal der Unstrut kommen als Schlachtorte in Frage, doch bewiesen ist keiner davon, mangels entsprechender archäologischer Funde. Andert behauptet, die einstige Tretenburg zwischen den Orten Gebese und Herbsleben sei ein „Thingort" für die einstigen thüringischen Krieger und vielleicht der Sitz des Königs gewesen, ein heute ganz unscheinbarer Hügel am nördlichen Ufer der Unstrut, etwa 20 Kilometer nordöstlich von Erfurt.

Wo der Königshort seiner Meinung nach liegt, will der Autor Andert auch in seinem 1995 verfassten Buch nicht verraten. Wahrscheinlich tut er damit das Richtige, denn auch 25 Jahre nach der „Wende" haben sich im Bereich der historischen Wissenschaften und der Archäologie manche „alten Zöpfe" wie Konkurrenzneid und Intrigen nicht verändert. So möge denn der Schatz weiter in der Erde ruhen, bis er durch Zufall vielleicht doch einmal entdeckt wird. Man darf nur hoffen, dass nicht ein rücksichtsloser Raubgräber der Wissenschaft zuvor kommt, wie das bei der „Himmelsscheibe von Nebra" – übrigens nur gut 50 Kilometer von der Tretenburg entfernt – geschah, wenn nicht ein glücklicher Zufall doch noch der Wissenschaft erlaubt hätte, auf diesen „Jahrhundertfund" zugreifen zu können.

13. Das Schicksal Thüringens unter fränkischer Herrschaft

Seit etwa dem Jahr 534 gehörte nun also das Gebiet der einstigen Könige von Thüringen zum Befehlsbereich des Frankenreichs.

Doch was bedeutete das damals ? Auf keinen Fall darf man sich eine „Staatsverwaltung" im modernen Sinn darunter vorstellen. Die Könige des Frankenreichs – nach dem Jahr 511 fast stets mehrere Brüder (oder Onkel und Neffe) gleichzeitig - waren in ihrer Regierungsführung noch viel zu sehr uralten Formen der Herrschaft über noch recht primitive Stämme verhaftet, als dass sie eine effektive „Macht" im eroberten Gebiete hätten einrichten können.

In ihrem Kerngebiet, dem Gallien der Römer, sah das anders aus. Dort gab es immerhin einige des Lesens und Schreibens kundige Römer, die die Verwaltung wenigstens in den Formen aufrecht erhielten, wie sie in den Jahrhunderten der Zugehörigkeit des Landes zum Römischen Reich entstanden waren, mit dem Umlauf gemünzten Geldes, einer recht weit entwickelten arbeitsteiligen Volkswirtschaft, mit Steuern, schriftlich festgehaltenem Recht und anderen Errungenschaften eines Staates im (fast) modernen Sinn.

Doch all das war natürlich im „barbarischen" Thüringen nicht gegeben. Hier musste sich der Frankenkönig Theuderich mit dem Gefolgschaftseid zufrieden geben, den ihm die am Leben gebliebenen thüringischen Adligen leisten mussten. Doch ob freiwillig oder unter dem Druck gezückter Schwerter fränkischer Krieger geleistet, ein solcher Gefolgschaftseid war für die Adligen heilig und verpflichtend , allerdings jeweils nur bis zum Lebensende des Herren, dem sie diesen Eid geschworen hatten.

Als sachliche Folge eines solchen Gefolgschaftseides waren dann vielleicht ein oder zwei Dutzend Krieger für einen Kriegszug des Herrn zu stellen, wenn der dazu aufrief. Und es waren jährlich bestimmte Mengen an Schweinen oder Rindern den Siegern abzuliefern, zur Verpflegung der kleinen Besatzungen fränkischer Krieger in einigen wenigen „Burgen", die die Sieger an strategisch geeigneten Stellen im Thüringerland angelegt hatten. Solche Burgen waren damals allerdings noch keine Steingebäude, sondern wahrscheinlich nur ein paar Holzhäuser, umgeben von einer Palisade aus Baumstämmen. Doch immerhin mögen später die ersten Städte in Thüringen daraus entstanden sein.

Ein fränkischer Dux (germanisch: Herzog) war wohl in den ersten Jahrzehnten der Befehlshaber dieser Besatzungstruppen in Thüringen, vom Frankenkönig im Reich Austrasien (dem „Reich der Morgenröte") ernannt. Zuerst kam ein solcher Dux sicherlich aus dem Adel des Frankenreichs im Westen.

Längere Zeit scheinen die fränkisch gewordenen Gebiete am mittleren Main (um Würzburg) und das nördlich davon gelegene Thüringen gemeinsam „verwaltet" worden zu sein, soweit man damals von einer „Staatsverwaltung" sprechen konnte. Seit dieser Zeit scheint sich der Name „Franken" für die Region südlich des Thüringer Waldes allmählich eingebürgert zu haben.

Dieses bis dahin kaum besiedelte Gebiet wurde nun allmählich von immer mehr Zuzüglern aus den verschiedensten Gegenden des groß gewordenen Frankenreichs besiedelt, Germanen aus unterschiedlichen Stämmen. Doch sie alle nannten sich nun „Franken", und so übertrugen sie diesen „Völkernamen" auf die neue Provinz, die sie ihrem König durch ihre Ansiedlung schufen. Und im Laufe der Zeit bekamen diese „Franken" auch eine gemeinsame Sprache, einen Dialekt der späteren „deutschen" Sprache, der sich bis heute deutlich vom Dialekt der Bajuwaren unterscheidet. Das Siedlungsgebiet dieser Bajuwaren - heute Bayern - begann erst südlich der Donau.

Dass es später in Thüringen zu Aufständen kam und dass ab dem frühen 7. Jahrhundert dort eine Herzogsfamilie nur noch ziemlich formal Untertan der Frankenkönige war, muss in diesem Buch nicht mehr beschrieben werden.

Der Brauch, verstorbenen Oberhäuptern (einst sarmatischer) Adelsfamilien ein Pferd als Opfer neben dessen Grab zu legen, erlosch allmählich, wie überall im späteren Deutschland. Das war auch einen natürliche Folge davon, dass sich das Christentum nun auch in diesem Gebiet auszubreiten begann.

Auch in den vielen Jahrhunderten der Oberherrschaft von Königen der Franken über die Thüringer ist es den fernen Souveränen nie gelungen, aus den Thüringern „Franken" zu machen, weder ethnisch noch sprachlich. Noch heute scheidet der Thüringer Wald als „Sprachgrenze" die Dialekte der „Franken" (südlich) von den „Thüringern" (nördlich). Auch in den politischen Entwicklungen, das heißt den real-historischen Vorgängen, teilten später „Thüringen" und „Franken" nur selten die gleichen Schicksale.

Umso mehr haben es die die nur wenigen Jahrzehnte verdient, in denen die Thüringer unter der Herrschaft sarmatischer Könige eine Art „goldener Zeit" erlebten, ins Gedächtnis von Menschen gerufen zu werden, die auch heute noch wissen möchten, „wie es damals wohl gewesen ist".

III.

Das Erbe eines vergessenen Volkes

1. Sarmaten an vielen Stellen Europas

Die zweite Hälfte des 5. Jahrhunderts n. Chr., nach dem Ende der „Hunnen-Zeit", war die Phase, in der sich zahlreiche größere oder kleinere Gruppen von Sarmaten aus ihrer damaligen Heimat in der pannonischen Puszta in fast alle Himmelsrichtungen zu bewegen begannen. Sie flohen vor den unaufhörlichen Kriegen der Germanenvölker in ihrer Nachbarschaft. Eine dieser Gruppen kam bereits um 455 nach Thüringen, wie in diesem Buch beschrieben wurden.

Fast zur gleichen Zeit wie die Roxolanen haben sich offenbar Angehörige eines anderen sarmatischen Stammes, der Jazygen, aus dem so unruhig gewordenen Nordbalkan-Gebiet aufgemacht und in W e s t f a l e n eine neue Heimat gesucht. Das ist genauer, auch mit Hinweisen auf Fachliteratur, im Band **2** dieser Buchreihe **„Die Westfalen und ihr weißes Ross"** dargestellt.

Ein Teil dieser Ansiedler ist dann Jahrzehnte später, manche erst ein Jahrhundert nach der ersten Einwanderung, von Westfalen weiter nach Norden gezogen und hat zusammen mit den (germanischen) Alt-Sachsen ein neues Volk gebildet, die aus der Geschichte so bekannten S a c h s e n (im 1. Jahrtausend n. Chr.). Einen ausführlichen Bericht gibt der Band **3: „Widukinds Geheimnis".** Denn auch dieser berühmte Verteidiger der Freiheit seines Volkes gegen Karl den Großen hatte sarmatische Urahnen!

Eine andere Gruppe von Sarmaten, die Turkerer, verschlug es wenige Jahre später auf merkwürdigen Umwegen nach Südwestdeutschland. Dies wird im Band **5** näher beschrieben: „**Die Schwaben – ein neuer deutscher Volksstamm ganz verschiedener Herkunft**".

Doch bereits ein knappes Jahrhundert v o r der sarmatischen Auswanderung nach Westfalen, und auch noch kurz v o r dem so verderblichen Auftreten der Hunnen in Europa, hatte schon ein sarmatischer Draco einen weiten Weg angetreten. Er führte ihn vom Donauufer beim heutigen Budapest über Thüringen und den römischen Limes bei Xanten bis nach Nordfrankreich, und seine Anführer sollten zu den Vorfahren der späteren M e r o w i n - g e r - Könige werden. Dieser Zug hatte völlig andere Ursachen als die in diesem und den anderen Büchern der Reihe beschriebenen Wanderungen. Doch er hatte die bedeutsamsten F o l g e n in der Weltgeschichte, denn daraus entstand das „Reich der F r a n k e n ". Die Schicksale dieser Sarmaten werden im Band **6** „**Die Ahnen der Merowinger und ihr ‚fränkischer' König Chlodwig**" näher beschrieben.

In der Epoche zu Beginn der „Völkerwanderung", um 407 n. Chr., hatten wieder andere sarmatische Gruppen die Züge der germanischen Völker der Vandalen, Sueben und anderer bis an den Rhein begleitet. Dann waren sie aber im Raum um Mainz am mittleren Rhein „hängen geblieben" und hatten sich mit ihren Herden in der für längere Zeit herrschaftslosen Landschaft niedergelassen. Hierzu ist Genaueres im Band **1** dieser Reihe „**Sarmaten – Unbekannte Väter Europas**" dargestellt.

Für Deutsche und Franzosen sind die in den erwähnten Bänden beschriebenen historischen Vorgänge natürlich am meisten von Interesse; sie beschreiben allesamt Wanderungen von Sarmaten-Gruppen nach M i t t e l- und W e s t europa.

Doch noch viel mehr Menschen aus diesem so bemerkenswerten Volk haben sich in der gleichen Epoche, der zweiten Hälfte des 5. Jahrhunderts, auch nach N o r d e n, O s t e n und S ü - d e n in Europa bewegt. Diese Züge hatten für die dort entstehenden neuen Völker (und später Länder) mindestens ebenso bedeutende historische Folgen wie die Einwanderung von Sarmaten ins spätere Deutschland. Ihr Ausmaß und ihre Folgen erschließen sich erst ganz allmählich der Geschichtsforschung, wenigstens der in Deutschland und Westeuropa; in den osteuropäischen Ländern ist man schon weiter ! Sie begannen bereits vor den Zügen nach Mitteleuropa, hatten aber vermutlich die gleiche Ursache.

Denn offenbar zog es in dieser Zeit die einstigen Herren der pannonischen Puszta, die Sarmaten, a l l e s a m t aus diesem Land heraus, das bisher seinen großen Viehherden so gute Weideflächen geboten hatte. Die Unruhe hier, hervorgerufen durch die ständigen Kriege der germanischen Nachbarvölker, wollte nicht enden. Und die wohl ziemlich vereinzelt lebenden Sarmaten sahen sich nicht in der Lage, den Germanen effektiv Widerstand zu leisten. So löste sich dieses einst so große Volk allmählich in lauter kleine Bestandteile auf und verschwand dadurch aus der Geschichte.

Um dem deutschen Leser wenigstens einen ungefähren Eindruck von dieser Bedeutung zu geben, folgt hier in Kurzform ein Überblick über diese a n d e r e n Wanderungen von Sarmaten.

Wann genau der Auszug von Sarmaten nach N o r d e n geschah, in die Gegend, die heute zwischen Polen, der Slowakei und der Ukraine geteilt ist und im Mittelalter Galizien hieß, ist unklar. Dort nördlich des Karpaten-Gebirges scheint ein sehr früher n e u e r „Wohnsitz" von Sarmaten und ihren Herden gewesen zu sein, am Rande des damaligen Lebensraums der S l a - w e n.

Dieses Volk, ebenfalls mit einer indoeuropäischen Sprache, aber doch ethnisch und kulturell erheblich anders als die Sarmaten, begann zur gleichen Zeit seine Wanderungen. Diese führten Teile davon weit nach Süden, in die Balkan-Halbinsel hinein bis nach Griechenland, und gleichzeitig nach Norden, Westen und Osten. Diese „Völkerwanderung" der Slawen kann hier nicht näher betrachtet werden, doch es scheint, dass zumindest einige der slawischen Stämme auf ihren Zügen von Gruppen sarmatischer Hirten begleitet worden sind. Im Lauf der Zeit wurden dann deren Adlige zu Anführern der slawischen Bauern und Fischer.

Das dürfte so gewesen sein bei den späteren P o l e n . Aber auch die späteren K r o a t e n kamen aus diesem Galizien; von dort wanderten sie im 6. Jahrhundert nach S ü d e n bis an das Nordende der Adria und gründeten dort einen eigenen Staat, offenbar gerufen von einem oströmischen Kaiser. Vermutlich gehörten auch die heutigen S e r b e n zu diesen Auswanderern. Ihre Sprache ist heute noch mit der der Kroaten fast identisch, doch haben ganz verschiedene politische Schicksale in den folgenden anderthalb Jahrtausenden die beiden Nachbarvölker zu erbitterten Gegnern gemacht.

Hier sei eingefügt, dass die slawischen Einwanderer, die zur gleichen Zeit, im frühen 6. Jahrhundert, über die Donau das Gebiet des heutigen Bulgariens erreichten, von einer kleinen Führungsschicht geleitet wurden, den B u l g a r e n . Diese waren k e i n e Sarmaten, aber in Herkunft, Sprache, und Kultur diesen eng v e r w a n d t . Sie kamen auf einem anderen Weg bis in den südlichen Balkan; ihre Herkunft kann man bis in das Pamir-Gebirge in Innerasien zurück verfolgen. Dort in der Nähe leben ja heute noch vermutliche „Ur-Verwandte" der Sarmaten, die Minaros, (siehe in diesem Band S. 12 ff.).

Einige der S l a w e n stämme, die ins spätere D e u t s c h - l a n d einwanderten, scheinen ebenfalls von sarmatischen Adligen begleitet worden zu sein, vor allem die O b o t r i t e n (an der holsteinischen und mecklenburgischen Ostsee-Küste), wahrscheinlich auch die P o m o r a n e n im späteren Pommern, sowie die S o r b e n in der heutigen Lausitz (heute zwischen Brandenburg und Sachsen geteilt).

Auch ein Teil der Stämme, die an der östlichen Ostseeküste lebten und eine Sprache aus dem b a l t i s c h e n Zweig des Indoeuropäischen benutzten, wurden wohl in dieser Zeit von sarmatischen Einwanderern erreicht und bald beherrscht. Dies dürfte für die P r u s s e n (im späteren Ostpreußen) und für die L i - t a u e r gegolten zu haben.

Es muss betont werden, dass trotzdem offenbar keineswegs alle frühen Völker Osteuropas von Sarmaten angeführt oder beherrscht wurden. Überall gab es auch einheimische (germanische, slawische, baltische) Gruppen, die aus eigener Kraft ihre neuen Siedlungsgebiete erreichten oder behaupteten. Das alles kann hier nicht näher begründet werden. Aber es soll dem Leser einen Eindruck verschaffen, wie kompliziert offenbar die Siedlungsverhältnisse im mittleren und östlichen Europa in jenen urkundenlosen Jahrhunderten des frühen Mittelalters waren.

Zur Vervollständigung des Berichtes über vermutete Wanderbewegungen von Sarmaten in dieser Zeit sei hier noch erwähnt, dass möglicherweise auch eine Einwanderung nach Dänemark (Jütland) und nach Mittel-England stattgefunden haben könnte. Jedenfalls weisen dort aufgefundene Pferdegräber darauf hin. Doch war es dem Autor dieses Buches bisher nicht möglich, diese Vermutung näher zu überprüfen und mit weiteren Indizien zu erhärten.

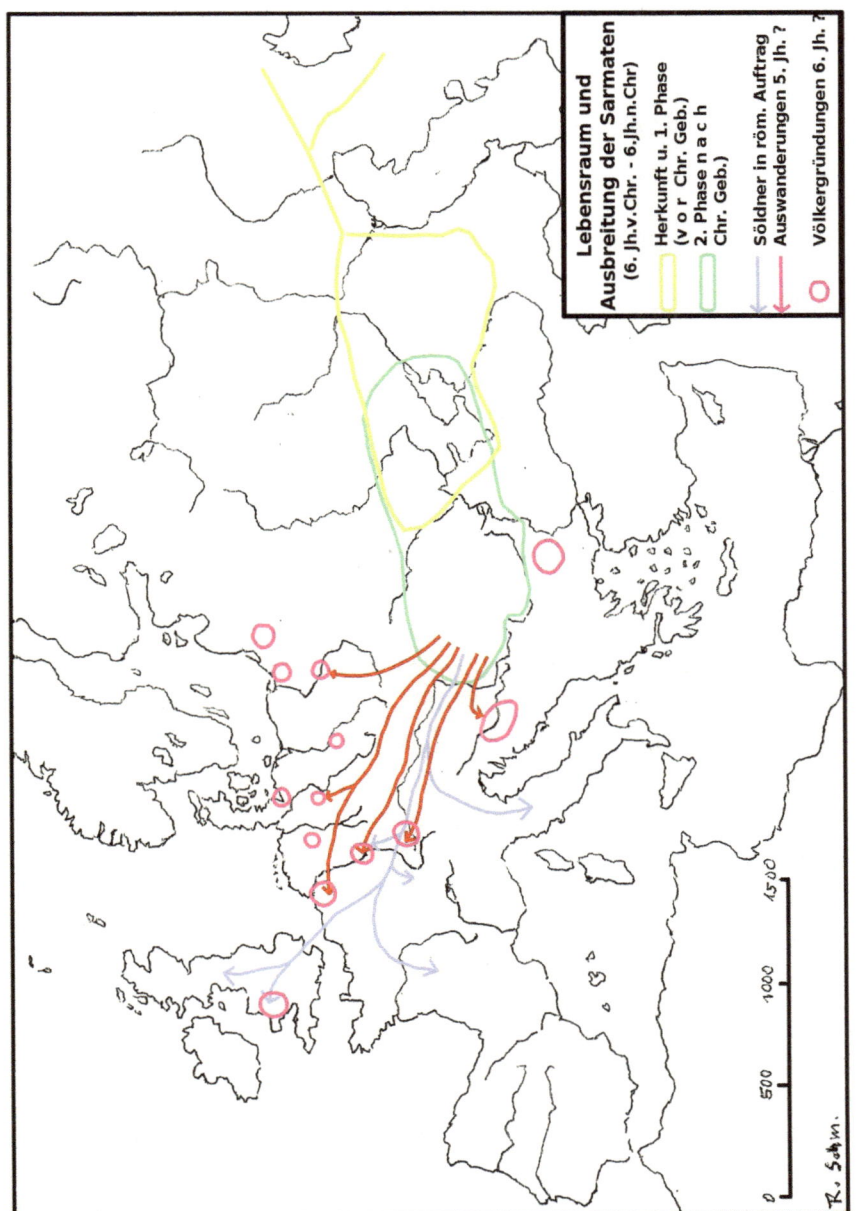

Lebensraum und
Ausbreitung der Sarmaten
(6. Jh.v.Chr. - 6.Jh.n.Chr)

Herkunft u. 1. Phase
(v o r Chr. Geb.)
2. Phase n a c h
Chr. Geb.)

Söldner in röm. Auftrag
Auswanderungen 5. Jh. ?

Völkergründungen 6. Jh. ?

R. Sahm.

2. Römer, Germanen und Sarmaten

als Herrscher im Vergleich

Die schwerwiegendste Folge der „germanischen Völkerwanderung" im 5. Jahrhundert war ohne Zweifel der Zusammenbruch des Weströmischen Kaiserreiches. Über die Ursachen davon haben sich moderne Historiker vielfach den Kopf zerbrochen und dabei auch viele zutreffende Gründe gefunden. Aber e i n e dieser Ursachen wurde bisher so gut wie nie erwähnt, weil die Geschichtswissenschaft im 20. und 21. Jahrhundert dafür kaum Quellen gefunden hat.

Das war die tief sitzende Verachtung aller Angehörigen der Oberschicht des Römischen Reiches für die einfachen Menschen, den „misera plebs" oder die „proletarii". Dabei gehörten wohl 80 bis 90 Prozent der Bewohner des Römischen Reiches hierzu. Nicht nur die Millionen von Sklaven, die römische Heere in den voran gegangenen fünf Jahrhunderten in drei Erdteilen eingefangen hatten, sowie deren Nachkommen, bildeten diese Schicht, sondern noch viel mehr Millionen kleiner Bauern oder „freier" Tagelöhner, Handwerker und Arbeiter aus den von Kleinasien über Ägypten und Marokko bis nach Mitteleuropa unterworfenen Völkern.

Die Autoren der Antike, denen die heutigen Historiker fast ausschließlich ihre Quellen verdanken, gehörten als „gebildete Menschen" (d. h. sie konnten flüssig lesen und schreiben) zu der kleinen Oberschicht von vielleicht nur 5 Prozent, innerhalb derer sich das gesamte politische Geschehen in der römischen Antike abspielte. Am Wohlergehen der „Proletarii" hatten weder Kaiser noch Feldherrn, weder römische Senatoren noch Schriftsteller irgendein Interesse. Sie kamen in ihrem Gedankenkreis so gut wie nie vor.

Das einzige Interesse dieser „herrschenden Kreise" war, die Millionen Arbeitskräfte so billig wie möglich auszunutzen; darüber hinaus presste ihnen der römische Staat noch das letzte Kleingeld als Steuern ab. Von irgendwelchen „sozialen Anwandlungen" war zumindest in der Spätzeit des Römischen Reiches nichts zu spüren. Die vielen „Bagaudenaufstände", die vermutlich Versuche der Auflehnung gegen diese sozialen Zustände waren, werden von den römischen Historikern, wenn überhaupt, nur in lakonischer Kürze erwähnt.

Falls diese „kleinen Leute" etwa im Gallien des 5. Jahrhunderts durch die Etablierung von zwei Königreichen unter germanischer Führung, der Westgoten und der Burgunder, eine Besserung ihrer Verhältnisse erhofft haben sollten – der christliche Kirchenvater Salvian aus Marseille deutete so etwas an ! – wurden sie bitter enttäuscht. Denn die neuen Herren ließen für ihre „römischen" Untertanen alles beim Alten. Das galt für alle germanischen Reiche der Völkerwanderungszeit, für West- und Ostgoten, für Vandalen, Burgunder und Langobarden.

Die Könige dieser Germanenvölker fühlten sich wohl unfähig, mit so komplizierten und ihren Horizont übersteigenden Erscheinungen wie der auf Münzgeldumlauf beruhenden römischen Volkswirtschaft oder dem längst bürokratisierten Steuerwesen und anderen Errungenschaften des „römischen Fortschritts" umzugehen. Auch für sie mussten die Unterschichten in den von ihnen beherrschten Reichen die winzige Herrenschicht aus germanischem Adel und Kriegern mit allem Lebensnotwendigem versorgen und im Übrigen deren Befehlen gehorchen.

Die Folge davon war der baldige Zusammenbruch all dieser in der Völkerwanderungszeit entstandenen germanischen Königreiche. D i e s e r Aspekt ihrer inneren Schwäche ist von der modernen Geschichtswissenschaft kaum je beachtet worden. Nur die Geschichtslehren des „wissenschaftlichen Marxismus" gingen darauf ein, wenn auch von einem seinerseits falschen Ausgangspunkt aus. Doch genau deshalb machen wohl heute deutsche Historiker einen großen Bogen um solcherlei Gedanken.

Das einzige Reich, was n a c h den Römern in der Mitte Europas Bestand hatte, war das „Frankenreich" - - und das war von Königen begründet worden, die eben k e i n e Germanen waren, sondern S a r m a t e n.

Mehrfach ist schon darauf hingewiesen worden, dass es keine Schriftdokumente aus dem Frühmittelalter für die Geschichte der von sarmatischen Adelsschichten beherrschten Völker in Mittel- und Osteuropa gibt. Aber auch sonstige Indizien, z. B. archäologische Funde, geben keinen Anhalt für die Annahme, es habe schwerwiegende Differenzen zwischen diesen Völkern und ihren neuen Herrschern, den S a r m a t e n , gegeben.

Das „Gesetz", das den sarmatischen Adligen verbot, außerhalb ihrer Adelskaste zu heiraten, verhinderte zwar biologische Vermischung der Schichten, hat aber offenbar die Anführer nicht davon abgehalten, sich fürsorglich um ihre Untergebenen zu kümmern und sie dennoch zugleich so weit wie irgend möglich nach ihrer alten Weise leben zu lassen.

Überall scheinen die sarmatischen Herrscher sehr schnell die Sprache ihrer Untergebenen angenommen zu haben, die „fränkischen" Könige aus der sarmatischen Merowinger-Dynastie das Vulgär-Latein (oder Altfranzösisch) ihrer gallischen Untertanen, die Herren in Westfalen das West-Germanische (Alt-Sächsische) der Bauern in Westfalen oder Nordwestdeutschland, die Fürsten der (in der Entstehung begriffenen) Polen die slawische Sprache dieser Leute usw. Auch die eigene Religion wurde den Völkern

96

von den sarmatischen Herren nicht aufgezwungen. Gerade dass keinerlei Überreste dieser Religion gefunden werden konnten, spricht dafür. Auch ihre Lebensweise als Bauern, Fischer oder Kleintierzüchter mussten die „Unterworfenen" nicht ändern.

Doch in Notfällen war es den einfachen Bauern vielleicht sehr lieb, wenn sie tapfere und militärisch geschulte Herren hatten, etwa wenn besondere Umstände (z. B. Wetterkatastrophen oder fremde Feinde) die G e s a m t bevölkerung zur Auswanderung oder zum Krieg zwangen. So etwas kam im Frühmittelalter ziemlich häufig vor. Eine Wanderung eines ganzen „Volkes" schweißte zusammen und erzeugte ein neues Gefühl der Zusammengehörigkeit, ebenso ein gemeinsamer Kampf gegen Feinde. So sind wohl auch erst die „Völker" der Ostgoten oder der Vandalen entstanden – aber nur innerhalb der jeweiligen „Heere". Der Rest der einheimischen Bevölkerung blieb in den Ländern, wohin diese Germanen kamen, davon unberührt.

So etwa kann man sich wohl auch die Genese der Völker unter sarmatischer Herrschaft vorstellen, ziemlich lautlos und undramatisch, was diesen Aspekt angeht. Das heißt aber nicht, dass in dieser Geschichtsepoche ohne jede schriftliche Quelle für diese Völker alles in ereignislosem Frieden ablief. Blickt man von Zeiten aus zurück, von denen man dank erster schriftlicher Quellen nun schon wieder etwas mehr weiß, dann muss man vermuten, dass gerade die ersten hundert oder zweihundert Jahre ihrer Existenz auch für diese Völker sehr bewegt waren. Das gilt in Deutschland etwa für die Sachsen, in Osteuropa für die Polen oder Kroaten.

3. Die deutschen Kaisergeschlechter aus sarmatischer Wurzel ?

Die Indizien für diese höchst erstaunliche Vermutung sind im Band 1 dieser Reihe ausführlich dargestellt. In d i e s e m Band werden sie nur kurz zusammen gefasst, um dem Leser wenigstens diese für die deutsche Geschichte so wichtige Erkenntnis zu vermitteln.

Für die Begründer des „Reichs der Franken"; die Könige aus der M e r o w i n g e r -Dynastie, lässt sich ihre Abstammung aus einem Stamm der Sarmaten, der Roxolanen, anhand zahlreicher Indizien nachweisen. Im Buch **Die Ahnen der Merowinger und ihr „fränkischer" König Chlodwig"** ist das ausführlich geschehen. Allerdings wird es wohl noch einige Generationen deutscher (und französischer) Historiker benötigen, bis sich in der akademischen Geschichtswissenschaft dieser Länder die Erkenntnis ausgebreitet hat, dass die „Franken" und ihre ersten Könige, die Merowinger, eben nicht unbedingt G e r m a n e n gewesen sein mussten, sondern S a r m a t e n waren. .

K e i n e Sarmaten von ihrer Abstammung her müssen die Herrscher gewesen sein, die die Merowinger abgelöst haben, die Familie der Pippiniden und K a r o l i n g e r . Sie dürften aus germanischem Adel hervorgegangen sein. Das schließt allerdings nicht aus, dass von dieser Familie Eheverbindungen mit den Merowingern eingegangen worden sind. Den sarmatischen Königen und anderen Männern aus diesem Geschlecht war zwar die Eheschließung mit Frauen aus der unteren Kaste verboten, nicht aber mit Töchtern aus adligen Familien anderer Abstammung. Doch den Karolingern war es später peinlich, solche Ehebande zuzugeben, hatten sie doch, als ihre Fürsten die Merowinger noch nicht von ihrem Königsthron verdrängt hatten, diese in ihrer Propaganda als „rois fainéants" („Nichtstuer-Könige") hingestellt.

Bereits der erste König, der im inzwischen entstandenen „Ostfranken-Reich" - etwa der alten Bundesrepublik vor 1990 entsprechend – dem letzten König aus der Karolinger-Familie folgte, der Herzog Konrad von Franken (911 – 918) hatte jedoch höchstwahrscheinlich wieder sarmatische Ahnen. Denn seine Familie stammte ursprünglich aus dem Nahe-Gau l i n k s des Mittelrheins, dorther, wo sich bereits 500 Jahre früher sarmatische Adlige mit ihren Gefolgschaften Weideland für ihre Viehherden gesichert hatten.

Die folgende Dynastie, die dann für ein Jahrhundert die deutschen („ostfränkischen") Könige und die „römischen" Kaiser stellen sollte, kam aus dem Stamm der S a c h s e n. Deren sarmatische Abstammung ist im Band **3** der Reihe, **„Widukinds Geheimnis"** ausführlich erklärt worden.

Den Sachsen-Kaisern folgten solche aus der Herrscherfamilie der S a l i e r, deren Ursprung im l i n k s rheinischen Bereich des Hunsrücks zu suchen ist. Auch bei ihnen sprechen viele Indizien dafür, dass sie von sarmatischen Adligen abstammen, die zu Beginn des 5. Jahrhunderts hier Zuflucht vor der Bedrohung durch die Hunnen gesucht hatten (siehe Band **1, Sarmaten – Unbekannte Väter Europas,** S. 80 f.).

Die Kaiser der salischen Dynastie wurden abgelöst durch Herrscher aus der schwäbischen Dynastie der S t a u f e r (1138 – 1254, zwischendurch kurzzeitig einige Könige aus anderen Geschlechtern). Sehr Vieles spricht dafür, dass auch die Staufer Nachfahren von Adligen aus dem Sarmatenstamm der Turkerer waren, die es um 470 nach dem heutigen Schwaben verschlagen hatte (siehe dazu Band **5: Schwaben – ein neuer Volksstamm ganz verschiedener Herkunft).**

Doch auch das Adelsgeschlecht, das den Staufern (mit wenigen Unterbrechungen) folgte, die H a b s b u r g e r, lässt sich sehr wahrscheinlich auf eine Herkunft aus dem Schwabenland und aus einem sarmatischen Adelsgeschlecht der dortigen Turkerer zurückführen. Diese Dynastie regierte das „Heilige Römische Reich deutscher Nation" bis zu seinem Ende 1806 und das Kaiserreich Österreich anschließend bis 1918.

Schließlich kam die letzte Familie, die deutsche Kaiser stellte, die H o h e n z o l l e r n , erwiesenermaßen ebenfalls aus Schwaben und dürfte damit sarmatische „Gene" weiter getragen haben, selbstverständlich ohne dass sie davon eine Ahnung hatten.

Bis auf die Habsburger und die Hohenzollern, deren Familien heute noch zahlreich sind, sind alle anderen Kaiserdynastien wenigstens im Mannesstamm schon lange ausgestorben.

Aber merkwürdig: Gerade bei den Habsburgern und den Hohenzollern scheint sich ein uraltes „sarmatisches Tabu" bis heute gehalten zu haben. Das ist die Regel, dass wenigstens die Oberhäupter dieser Familien (und damit theoretisch „Thronanwärter") eine „ebenbürtige Ehe" eingehen müssen, das heißt nur eine Frau aus einem hochrangigen Adelshaus wird für sie akzeptiert.

Ist das eine unbewusste Erinnerung an die Regeln eines Volkes, das vor vielen Jahrtausenden aus Innerasien bis nach Europa kam und dessen Adelskaste zu Anführern so vieler neu entstehender Völker im mittelalterlichen Europa wurde ?